JN113756

サービス経営と
サービスマーケティング

中原龍輝［著］

創 成 社

まえがき：サービス・サービス商品・サービスマーケティング

　経済サービス化またはサービス経済化，というような表現は今や世間の一般常識として知られている。こう言った専門用語的表現は 1970 年代に提起され，とっくに社会的日常に使用されている。我々の日常生活でも，身の回りに頻繁にサービスと係わっている。ところが，我々はサービスに関しては，どこまで真剣に考え，どれだけ理解しているかについては大いに疑問視されることになるかもしれない。

　本書は，サービスやサービス商品に関して，マクロ的視点では，サービスの構造や理論的研究，ミクロ的には，狭義のサービス産業の事例を検討し，そして流通業から製造業により視点を拡大して，こうしたサービス業でもない産業にも確実に存在するサービスまたはサービス的関係を分析する。一方，個別企業レベルでのよりミクロ的には，企業間や企業内，部門間や部門内，従業員の個々個人の間に実在しているサービスやサービス的関係を分析して，サービスの遍在的特質を解明する。また，我々の身の回りに遍在し，我々の生涯にわたって時々刻々と大いに役立つサービス商品またはサービス的関係では，個々のサービス的関係の成立やサービス商品の生産と消費に係るそれぞれの関係者間のパートナーシップ的関係の確立と維持が土台であると解き明かす。

　サービスは他人の代わりに役立つことあるいは他人が自分の代わりに役割を果たしてくれることから，提供する側と受け入れる側の同時存在が大前提である。このために，少なくとも自分と他人との間に信用または信頼できるような関係が必要不可欠とする。これは，互いにサービスの授受を通じてそれぞれの満足獲得や目標達成のためのパートナーシップ的な関係に基づくからである。サービス商品はこのようなサービス的関係を事業として専門的に他人に提供し，または他人から受け入れることである。

　こうしたパートナーシップ的な関係は，個人レベルではもとより，企業や組織内の各部門間，自社と他の企業や組織との間，業界や産業間においても必要不可欠な存在である。さらに，グローバル的には，民族や国家，文化や文明，各地方や地域の価値観の間にもパートナーシップ的な関係の形成ができれば，世界的に平和と安定する人間社会の形成や経済・企業活動のスムーズな展開など，諸々の人間活動が持続可能になる基礎が築かれると考える。

　人間には社会性が欠かせぬように各々の個人だけでは自分の生涯を送ることはできない。社会では，1人の人間は他人やその他の価値観，他の文明や文化との間に何らかの関係を持たずには居られない。企業や組織は人間が定める目的を達成するために人間によって構成され運営される以上，他の企業や組織，市場や消費者・顧客との間にも何らかの関係がなければ存続できない。そこで，個人の間，企業や組織の間にあるべき関係の在り方の樹立・維持・調整が非常に重要なのである。その関係は，もしも対抗的・敵対的なものになれば，互いに損害を与え合い，互いの利益が損なわれる。ところが，パートナーシップ的な関係が確立し維持ができれば，互いに補完的に働きかけ，互いの共通利益を見出し，共益共栄に向かい，ともに有益な結果をもたらすように行動し合うことに結び付ける。究極的に言うと，互いの共通利益が拡大すればするほど，「共生」という，ともに存続し成長していく「理想郷的」なことが自ずからやってくる。

　以上のような難解かもしれないサービス的関係についての詳細な議論と分析は本書で展開する。ぜひとも筆者と議論する眼差しで一読してください。

　本書は長い間に筆者が国内外で掲載論文や学会発表によって蓄積してきた研究成果の集大成とするつもりである。恩師である日本サービスマーケティング研究の先駆者で，第一人者でもある故浅井慶三郎先生に師事してから三十年，学者・教育者になった著者は浅井先生の研究より大いに影響を受けている。このために，本書は自分なりの精いっぱいの恩返しとしたい。

　本書の作成に当たっては，慶応義塾大学の高橋郁夫先生をはじめ，筆者が大

学院在籍中で大変教わった諸先生のご指導とご鞭撻の賜るものである。また，大学院生時代から多面にわたって支えてきた多くの先輩や後輩との交流・応援・助力の結晶でもある。さらに，本書の出版に大いに助けてくれた創成社の皆様に対して，本書の出版を際して併せて御礼を申し上げる次第と存じる。

　令和2年3月　吉日

著　者

目　次

プロローグ：経済サービス化の進展とサービスマーケティングの展開

　今日のようなサービスやサービス産業に対する社会的注目は，言うまでもなく 20 世紀後半，1970 年代の脱工業化社会に突入してから今日まで経済成長におけるサービス産業の持続的大幅な規模拡大の結果である。

　経済サービス化とは，一言で言うと一国の経済総量 GDP におけるサービス業（第三次産業，広義のサービス業）[1] が占めている割合がその大半を超える場合の経済状況を指す（具体的な分析は第 1 章を参照）。言い換えれば，国民消費生活では，物的商品であるモノに対して，サービス商品への消費支出を大きく超える社会になっているのを意味する。

　また，サービス商品への消費需要の持続的拡大[2] はサービス産業の成長を刺激し，GDP の割合拡大をもたらした。そして，多種多様な新サービスの提供は消費支出需要のサービスに対するさらなる需要の喚起と促進につながる。一方，サービス産業の将来的成長性を見込んで，多くの新規参入者が現われる。その結果，サービス産業での市場競争も日増しに激しくなってくる。激しさが増す一方の市場競争では，多くのサービス企業はマーケティング手法の採り入れに余儀なくされてきている。

　サービス及びサービス業に対するマーケティング的研究は，第 7 章で議論するように，一般に Regan, William J. の論文「サービス革命」(“The Service Revolution”) に始まった。今日では，第一次産業や第二次産業のようなモノづくりや商業・流通などの物販業と対比して，サービスには，無形性，不可分性，一過性，異質性，という 4 大特性[3] があるとされる。

　サービスの特質に関するより詳細な分析は，第 6 章で展開する予定だが，この 4 大特性を簡単に説明すると，以下のようになる。

　無形性とは，しばしば外形が見えないと単純化されるが，サービス商品の構

成には形体のない非物質的・人的要素が多く，また，サービス商品を提供する企業の接客要員（C・P = Contact Personnel）とそれを受入れる顧客との相互作用に大きく影響され，見えないと言われるが，多くの物的要素もあるので見えにくいと言うべきである。

　不可分性とは，サービス商品の生産と消費はサービスエンカウンターという「出会いの場」あるいは接客要員 C・P と顧客 C の接点で，同時に行われるプロセスである。

　一過性とは，サービス商品は物質商品のように製造されてから一時在庫して，市場消費の変動や需要のタイミングに応じて調節し，流通して提供するのは不可能である。このため，非在庫性や消滅性とも称される。また，不可分性とも関連して，一過性とは消費が前提とする確定した注文がなければサービス商品そのものの生産の根拠がなくなり，なお，その場で注文されたサービス商品はその場で生産・提供され，消費される。

　異質性とは，サービス商品は規格化されにくく，サービスエンカウンターの違いや C・P と顧客によってはサービス商品の内容が修正され，提供形態さえ変わり得る。また，サービス商品は品質や満足度の評価基準の異なる顧客によっては不確実で多様に見られ，品質の変動性とも称される。

　本書は，サービスはこうしたサービス事業者や企業が提供する製品あるいは商品のようなものには限らないと認識する。そして，サービスとは，個人と個人の間，個人と集団[4]の間，集団と集団の間に存在する人間関係で，さらには，民族や人種，国家の間にも存在する様々な人間関係として捉える[5]。第 4 章で議論するように，サービスとは，相手となりうる 2 人以上の個人の存在，または 2 つ以上の関わりのある企業や組織のような集団の存在が必須条件とする。

　サービス商品の生産・提供・消費はエンカウンターという授受の現場で行われ，サービス商品は提供する C・P と受け入れる顧客の対面的相互作用のもとで行われる。ところが，情報化社会が高度進展している今日のネットワーク化時代では，情報サービスをはじめ，数多くのサービス商品は，エンカウンター

で対面するという「出会いの場」がなくても，つまり，提供側と受入側との対面がなくても一部のサービス商品の生産・提供・消費が行われる。「いつでも・どこでも・誰でも・誰とでも」のように利用されるユビキタスネットワーク社会では，クラウドサービスなどのネットサービスの提供を可能にするのは，提供側と受取側間の信用または信頼という双方向の人間関係である[6]。こうした双方向の人間関係がサービス商品の生産と消費の基礎である。

　本書は，こうした個人間または集団間に存在しているサービス関係を検討分析したうえ，主として営利組織である企業の事業活動に係わるサービス経営の基礎と理論，構造と背景，手法とプロセス，そしてサービスマーケティングの戦略立案と戦術の実施に関しても，議論・分析と検討を通じて解明することを目的とする。

【注】

1）サービス業では，伝統的にクリーニングや理髪，飲食やホテル業などが「狭義のサービス業」を指すが，経済構造全体では，農業や漁業など原材料の生産や蒐集（しゅうしゅう）に従事するいわゆる第1次産業，また，これらの原材料を製造・加工して半製品や製品（消費者の立場では「商品」と言う）に仕上げる第2次産業以外のすべての産業を「広義のサービス業」と分類する。因みに，日本標準産業分類では，AからTまで全産業を20の大分類に区分される。そのうち，FからTまでの15の産業大分類が第3次産業と区分されるが，一般に「広義のサービス業」と称される。

2）1990年代以降，いわゆるバブル経済が崩壊してから今日までの消費支出では，1994年を100％に対して，2017年では，「被服・履物」のような物的商品は−50％に縮小したが，「娯楽・レジャー」などのサービス商品への支出は150％に増加していた。つまり，経済成長は全体的には低成長から脱出されないが，消費支出に占めるサービス商品への支出は堅実に拡大しつつあった。（消費者庁『令和元年版消費者白書』，7頁「図表13 目的分類別家計最終消費支出（実質）の対1994年比の推移」）

3）サービスを業とする個人事業者や企業の総称はサービス業である。サービス業が提供するサービスは製品と呼称されるのもあれば，商品というのもある。当然，サービス製品あるいは商品の生産は消費と同じプロセスで顧客の参加のもとで同時に行われる。ま

た，サービスの４大特徴に関しては研究者によってまた異なる表現もある以外に，サービスには，さらに普遍性と不可逆性があるという指摘もある。

4）『広辞苑』によると，集団は基本的に，① 多くの人や物のあつまり，② 持続的な相互関係をもつ個体の集合または団体を指す。民族や人種は自然に形成される集団に対して，国家は権力によって構成される集団である。そして，集団内の個々の個人間の人間関係の実情によって集団は継続されるか分解されるかに変化するものである。

5）ただし，論点をあまりにも広げないためには，本書では，民族や人種，国家などのよりマクロ的な集団の間の人間関係またはサービス的関係については割愛する。

6）中原龍輝（2015）「インターネットによるサービス提供の多様化とその本質」，第 65 回日本商業学会全国大会（香川大学，統一論題）『報告要旨集』，84-87 頁。

第１部

サービス経営の諸問題

第1章

サービス産業の持続的拡大

　第1部は，第1章から第5章で構成される。経済におけるサービス産業あるいはサービス分野の主役的位置づけを確認して，サービスに関する基本認識の国際的異同，サービスとサービス商品の相違，サービスの特性とサービス企業の経営，そして，サービス商品の品質評価とサービス産業における満足度に対する見方を検討，分析の内容としている。

　サービス経済化または経済サービス化[1]とは，20世紀半ば以降製造業の持続的拡大による経済成長モデルに限界が来し，国内総生産（GDP）での広義のサービス産業[2]である第三次産業の経済産出の割合が次第に拡大してきた。後述の知的・情報的サービス産業などが経済成長の主力となりつつ，「脱工業化社会」[3]と称されるように産業構造は大きく転換した。脱工業化は工業化社会の経済成長の主力だった製造業をはじめモノづくりが主役である経済成長モデルが終焉を迎えてきた結果でもあった。一国の経済力や社会全体の豊かさや国民生活水準の高さなど，いわゆる「豊かな社会」[4]の度合いを測るのに，従来の製造業を中心とするその国の第二次産業の実態よりも第三次産業の成長レベルを基準とされてきた。

　こうしたように，経済サービス化社会は，製造業など工業経済が高度に発達していた発展途上国への開発援助が目的とする経済開発協力機構（OECD）に加盟している諸国のような経済構造とイメージされる。少なくとも世界的にも豊かな社会と公認されるかつてのG5や今日のG7のような世界経済のトップレベルにある数少ない先進国において生活水準が格段と高められる国民にしか享受できない裕福の社会現象とされる。

1．脱工業化を背景に台頭するサービス産業

　ところが近年，経済サービス化の最先端に位置し代表的先進国でもある日本には，発展途上国を脱出しつつあるアジア中心の新興国とも新興経済とも称される諸国からの旅行者が前述の先進国の国民よりも大勢にやって来ている[5]。彼らは各地の古跡名所を観光しながら，観光サービスをはじめ日本的サービスを満喫する。一方，日本政府も「観光立国」という国家戦略を打ち出し時代の変化に対応してきている。今日では，こうした先進国ではなかった新興諸国でも経済サービス化が着実に進行しており，かつての「豊かな社会」という社会現象はグローバル的に広がりつつある。

1）脱工業化に始まった現代産業の構造転換
　今日では，経済成長や産業構造全体におけるサービス業が提供しているそれぞれのサービスがなくしたら人々の日常生活さえ成り立たないような現実は経済サービス化をさらに高度化させる。経済サービス化は20世紀半ばに叫ばれはじめた「脱工業化」に始まったのである。脱工業化を議論する前には，工業化，工業化社会あるいは産業社会について少し振り返る必要がある。

　18世紀半ば（1760年代）から19世紀前期（1830年代）にかけて，周知の通り，蒸気機関車の発明，鉄道や蒸気船の普及などをはじめ，イギリスで起きた「産業革命」または「工業革命」は，それまでの生産に対する世間の常識を根底から覆した。モノづくりは手作業や手工工房の職人による製造・加工が，人間の力では到底及べない高い生産性を有し，製品も画一に製造できる規格化を可能にした近代的機械に取って代わり，物的製品のモノは大量に生産できる工業体制ができた。その結果，率先して機械化の普及で大量生産の工業体制を確立した欧米諸国は世界を先駆けて工業化社会を実現した。

　19世紀末葉になると，製造業の機械化は技術革新や工程管理などいかにより合理的に生産できるよう生産管理プロセスを進化させた結果，多種多様な物

的商品が産出され市場投入された。代表的事例と言えば，20世紀初頭，ヘンリー・フォード（Henry Ford）が開発したライン生産方式によって確立した大量生産体制であった[6]。フォード自動車のような量産体制を整った近代的製造業がありとあらゆる物的商品を消費市場への提供を実現した。

　1950年代になると，第2次世界大戦後の欧米諸国では平和の社会環境が保たれ，工業生産は新材料の開発と生産技術の革新などにより，戦後経済成長の黄金期を迎えた。生産性の高い欧米諸国の製造業は大量に産出された工業製品を，国内市場にとどまらず，工業化されていなかった世界中の他の国々にも大量に輸出していた。

　一方，欧米諸国の工業化進展の結果でもあるが，製造業の担い手で各産業の従業者でもある国民収入は大幅に増大し，前述の豊かな社会という社会現象が普及された。日常生活では，製造業の担い手はモノの消費を必要とする消費者でもある。国民収入の増大は大量に産出された物的商品を大量販売・大量消費の原動力となった。そして，本章3節で検討するが，物質的に満たされた消費者が次第に心理的・情調的満足可能なサービス商品に向かった。

2）製造業の低成長と対照的なサービス産業の急成長

　このような消費欲求の変化は結果として社会経済成長とその後の発展方向に強く影響を与え，消費者ニーズに応えられるため，個別企業の経営方針や社会的産業構造の転換が余儀なくされた。20世紀半ば（1960年代）になると，欧米中心の工業化先進国に「脱工業化」という社会現象が急速に広がった。

　最初に脱工業化コンセプトを提唱したのは，アメリカの著名社会学者でマサチューセッツ工科大学（MIT）教授のダニエル・ベル（Daniel Bell）の1962年の著書『脱工業化社会の到来』であった[7]。

　では，極東に存在しながらも東西冷戦時の西側陣営に属される日本の工業化と脱工業化のプロセスはどうだったのか。第二次世界大戦前，アジア唯一近代化に成功した日本は，無謀にも英米の連合国と戦争して敗戦した。敗戦直前に米軍機の大規模空襲で国土は焼の原と化した。しかしその後，戦後の復興を経

て，18 年間もの長期間の経済高度成長が続いていた。そして，表 1 - 1 に示
されたように，経済高度成長期では，国内の労働力も次第に第一次産業や第二
次産業から第三次産業へ移動し始めた。

　長期にわたった戦後日本の経済高度成長は，工業生産の急速かつ大幅な拡大
は欧米諸国に追いつき，アジアの奇跡とも称され，世界有数の工業化社会の仲
間入りを果たし，世界 2 位の経済大国になった。国内の経済高度成長の終息は
1973 年に起きた「第一次石油危機」[8] が最大な要因であった。

　その後，国内では，経済が安定成長期に突入すると表現するが，国際的には
前述の脱工業化社会の到来と見なしている。因みに，脱工業化社会諸国は共通
して次のような特徴があるとの見方がある [9]。

　(1) 先進諸国ではサービス業が労働人口，GNP の半ばに達している。(2)
経済の基調が財から知識やサービスに移行している。(3) また自由市場から社
会計画へ比重が移行している。(4) 労働時間の短縮と労働生産性の向上が著し
い。(5) 全体として技術社会，知識社会，高学歴社会の色彩が著しい。

年	産業計	一次産業	二次産業	三次産業	年	産業計	一次産業	二次産業	三次産業
1951	3,622	1,668	817	1,137 (31.39%)	1963	4,595	1,194	1,431	1,970 (42.87%)
1952	3,729	1,689	860	1,180 (31.64%)	1964	4,655	1,149	1,467	2,039 (43.80%)
1953	3,913	1,559	952	1,402 (35.83%)	1965	4,730	1,113	1,507	2,110 (44.62%)
1954	3,963	1,507	981	1,475 (37.22%)	1966	4,827	1,072	1,554	2,201 (45.60%)
1955	4,090	1,536	997	1,557 (38.07%)	1967	4,920	1,036	1,637	2,247 (45.67%)
1956	4,171	1,500	1,041	1,630 (39.08%)	1968	5,002	988	1,702	2,312 (46.22%)
1957	4,281	1,467	1,120	1,694 (39.57%)	1969	5,040	946	1,740	2,354 (46.71%)
1958	4,298	1,408	1,166	1,724 (40.11%)	1970	5,094	886	1,791	2,417 (47.45%)
1959	4,335	1,348	1,187	1,800 (41.52%)	1971	5,121	815	1,816	2,490 (48.62%)
1960	4,436	1,340	1,242	1,854 (41.79%)	1972	5,126	755	1,832	2,539 (49.53%)
1961	4,498	1,303	1,323	1,872 (41.62%)	1973	5,259	705	1,923	2,631 (50.02%)
1962	4,556	1,267	1,397	1,892 (41.53%)					

表 1 - 1　高度経済成長期を通じての国内の第三次産業別就業者数の推移

資料：独立行政法人労働政策研究・研修機構統計資料により作成。

　さらには，本書では議論しないが，政治的にはテクノクラシー，人々の脱イデオロギー化と価値多元化，労働に代わる代替価値の問題なども指摘される。

　日本の脱工業化は表 1 − 1 のデータを見ることができる。表 1 − 1 は戦後復興以降から高度経済成長期の開始から終了までの全従業者人口に占める第三次産業に従事する人口割合の推移を示している。1955 年以降の高度経済成長期に合わせたように，第 3 次産業の従業者数は堅実に逓増し，偶然かも知れないが，1973 年になると，第 3 次産業の従業者数は全従業者数の 50.02％に達し，前述の特徴を裏付けることになった。また，高度経済期を通じて，生産技術が大幅に進歩し高学歴社会も国内で次第に形成していた。つまり，高度経済成長期の終了と同時に，日本社会も脱工業化時代に突入したと言える。

　要するに，1960 年代に現れた脱工業化は，先に工業化社会を達成したアメリカ，イギリス，西ドイツ（1990 年東ドイツと統一して今のドイツになる），フランスに始まり，そして 1970 年代初頭までに経済急成長で工業化社会の達成を成し遂げた日本を含め，いわゆる今日の先進国（1975 年に発足した G5 先進五ヵ国）の社会現象を指すが，今日では，情報化社会と言う。

2．経済におけるサービスの今日の位置付け

　G5 諸国では，1960 年代から 1970 年代にかけて脱工業化社会に突入したが，脱工業化は，これらの国々には工業が必要とならなくなったのでなく，むしろ，自国の工業生産を工業化先進国に対する発展途上国へ移転し始めることである。この意味では，脱工業化という先進国に起きた社会現象は結果的に今日の経済グローバル化にもつながったことになる。

　そして，1980 年から，中国は国を挙げて今日までも続いている「経済改革」の国策を断行し，外国先進技術の導入や外国資本の誘致，そして，市場経済体制の試行錯誤などによって国内総生産など経済指標が急速に拡大してきた。その後，同様に経済が著しく成長してきた他の四カ国と一緒に BRICs[10] と称され，発展途上国において新興経済が形成され，工業化社会は次第にグローバル

的に拡大してきた。そのほかに，アジアやラテンアメリカ，アフリカなどかつて経済開発の後進国と称され，経済開発に出遅れていた多くの発展途上諸国でも急速かつ大幅な経済成長が持続してきた。

特に21世紀に入っての20年間，世界各地にもわたった各国の経済成長が続いてきた結果，かつてのG5先進五ヵ国またはG7（G5にイタリアとカナダを拡大し主要国首脳会議になる）と改めた先進国で先に発生し進行していた脱工業化，今日の経済サービス化社会現象がかつての発展途上国にも広がってきている。今日では，BRICsをはじめ経済成長に成功した多くの新興経済諸国がかつての工業先進国と肩を並べ，G20[11]と称される新たな国際経済協力機構が形成されている。

2010年に日本を抜いた世界第二規模のGDPを有する中国を例に挙げてみると，中国国家統計局の『中国統計年鑑2018年版』で公表したGDPに占める第三次産業の割合は2015年に初めて50％を超え（50.2％），2017年には，51.6％に拡大した。言うまでもなく，こうした新興経済における経済成長の主役交替は中国にとどまらず，EU諸国やG7諸国のほか，G20諸国でも次第にモノづくりの製造業からサービス業への産業構造転換という「脱工業化」の社会現象が確実に進行している。経済成長における脱工業化の社会現象を背景とする第三次産業（広義のサービス業）の影響力は今後ともさらにグローバル的に拡大して行くと期待される。

1）現代社会における経済サービス化の定着

経済サービス化について，再び日本を事例に挙げてみる。表1−2は，2005年以降の日本国内産業別生産高の割合を示している。今日では，国内総生産（GDP）における第三次産業が占めている割合は72〜73％と高い。これは，経済サービス化は完全に定着しているということである。

もちろん，各産業における従業者数の割合もGDPのシェアに比例しており，第三次産業に従業する労働者数も70％を超えている。

いわゆる「失われた20年」の国内経済のデフレ経済期，つまり1990年バブ

産　　　業	2005	2010	2015	2016	2017
第 1 次産業（農林水産業）	1.1	1.1	1.1	1.2	1.2
第 2 次産業（鉱業・製造業・建設業）	27.2	25.7	26.6	26.5	26.7
第 3 次産業（その他）	71.7	73.1	72.3	72.3	72.1
合　　　計	100.0	100.0	100.0	100.0	100.0

表 1 － 2　国内産業別生産高の比率

資料：内閣府産業別生産額データより作成。

ル経済崩壊以降 2011 年まで国内経済全体の平均的伸び率は名目で － 0.1％で
あったが，実質でも 0.8％しかなかった [12]。内閣府が公表したデータでは，名
目 GDP の総量は，1990 年の 496.71 兆円から 2017 年の 545.12 兆円に拡大した
が，27 年間の総量増加は 9.75％（年率に換算すると，平均 0.36％）しかなかった。

　ところが，デフレ経済下の低水準成長にもかかわらず，第一次産業と第二次
産業を除いた GDP に占める第三次産業の割合は，1990 年の 69.01％（総額
296.78 兆円）から 2017 年の 78.03％（総額 425.35 兆円）にも達している [13]。

　要するに，経済成長はほぼ横ばいに持続している中でも，広義の第三次産業
であるサービス産業の成長は相変わらず持続されている。消費者の視点で見れ
ば，日常生活では，モノである物的商品への支出よりもサービスに対する支出
が引き続き堅実に伸びていることを物語る。

　このような第三次産業の持続的拡大は，超低成長している経済においても経
済サービス化は着実に進行することは確かな現実である。

2）消費生活豊かさ向上させるサービス産業

　本章冒頭の「豊かな社会」の指摘は生産の視点で見れば，それは工業生産の
飛躍的な拡大の結果として現れた会現象であった。しかし，買い手市場が定着
して久しい今日では，「豊かな社会」の裏づけとして日常生活の消費支出にお
けるサービス関係への支出は引き続き増大してきたことである。言うまでもな
く，人々の消費支出におけるこうしたサービス関係支出額の持続的増大は消費

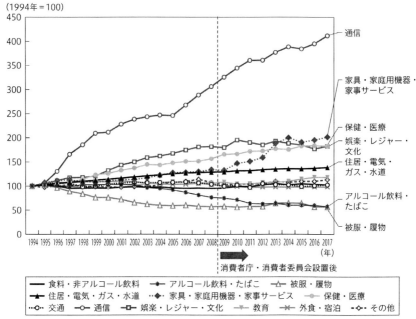

(1994年＝100)

（備考）　1．内閣府「国民経済計算」により作成。
　　　　2．1994年の各項目の支出額を100として指数化したもの。

図１−１　消費者支出に占めるサービスへの支出の維持拡大

出所：消費者庁『消費白書』（2019版），9頁。

生活がより豊かになったことにつながる（図１−１参照）。

　また，前節で分析したデータ（表１−１及び１−２参照）を見ると，個々の消費者の消費生活の豊かさを向上させることを可能にするのもサービス産業だと分かる。脱工業化は産業構造におけるサービス産業の急速な拡大によって定着したのと同様に，サービス業は人々の新たな需要を満たせるよう様々な斬新なサービスの開発と顧客への提供で成長し拡大し続けてきている。

　狭義のサービス産業は，物的商品であるモノに対する修理や機能保全など人々の所有物にかかわる対物サービス，衣類や寝具ないし住居などの清潔維持や衛生確保のためのクリーニングサービス，個人や家族・友人などそしてビジ

ネスにも必要とする飲食や接待などの外食サービス，観光や娯楽，旅行や休暇の充実に欠かせない宿泊サービス，等々，多種多様なサービス商品の提供は日常的に行われる。もちろん，従来の商業や流通業などが提供する物的商品のモノの売買や取引，また商品や物品の物流や配達なども広義的にサービス業として機能している。

　今日では，情報化時代がさらに進展し人々は互いにリアルタイムで連絡を取り合い，情報の交換や共有なども多種多様なソーシャルネットワークサービス（SNS）を通じて可能になる。図1−1に示される家計最終消費支出における通信サービスに対する支出は20年間で4倍以上の大幅な拡大を見せるのもその裏付けである。さらに，こういったSNSに基づいた取引やビジネスも個人や企業に広く利用され，急速にグローバル的にも広がりつつある。いわゆるネットサービスの取引総額も各国のGDPに占める割合が確実に増大している。

　狭義や広義のサービス業が提供する多彩多様なサービス商品は人々の日常生活を豊かにするのみならず，習い事や教養などの教育サービス，病気治療や健康増進などの医療サービスのように，人々の心身，心理的や情緒的需要を満たすことにも機能している。

3．経済サービス化の経済的背景と社会的要因

　20世紀半ばに現れた経済サービス化は前述のように，21世紀に入りかつての旧工業化先進国にとどまらず，発展途上国や経済開発後進中の一部は新興経済国に成長して工業化社会を達成すると同時に，経済サービス化へと進んでいる。新興経済各国の実態や進展のレベルには大きな違いがありながらも，経済サービス化の進展は新興経済諸国でも旧工業化先進国でも社会経済の背景と要因を探ってみると次のような2点でほぼ共通している。

1）モノづくりとモノの消費の限界
　前述した18世紀に起きた産業革命の最大成果は，モノの大量産出が可能に

した工業化体制の確立である。このために，世界各国の経済開発を評価するに当たっては，真っ先に G5 や G7 のような旧工業化先進国の名が挙げられる。しかしながら，こうした工業化先進国のような高い生産能力と能率によって大量に製造される多種多様なモノの製品や商品の終着点は各々の消費需要に基づいた購入と消費または利用である。つまり，モノづくりはモノの消費の裏付けがなければ持続することは不可能である。

　第二次世界大戦以降，工業生産能力の向上や生産技術革新など諸側面においても世界をリードしてきているアメリカは世界最大な工業製品の製造国でもあれば，世界各国で大量生産されたありとあらゆる製品や商品の最大な消費市場でもある。20 世紀では，消費意欲の高いアメリカ国民の幅広く高い消費需要に支持され，アメリカ国内で製造されたモノの消費にとどまらず，世界各国からも多くのモノの商品が購入され消費されていた。

　ところが一方，国民収入の大幅な増大による人件費の高騰はアメリカ国内での生産コスト増加をもたらし，アメリカ製造業はもはや国内生産拠点での産出で企業の利益確保はできなくなった。それは，アメリカ企業が世界各国を先駆けて経営活動のグローバル化に踏み切った要因でもあった[14]。製造業の国外移転に始まったアメリカの脱工業化の進行が速く，経済サービス化も先進国で最も速く進んでいる[15]。

　アメリカと同様，G7 の他の諸国を見ても，国内生産コストの上昇により個別企業の収益が低下した結果，アメリカのように製造業の国外移転を余儀なくされた。日本でも，バブル期に経済の好景気で国民収入が急増し国内生産コストが大幅に上昇した結果として現れ，バブル経済崩壊直後の 1990 年代前半に「産業空洞化」[16] が叫ばれた。製造業の海外移転や海外進出が経済界でも産業界でもさらには学会でも特に問題視されていた。こうした製造業の国外移転は，GDP に占める製造業中心の第二次産業の割合低下に対し，第三次産業の割合の上昇につながった。それが G7 諸国の脱工業化がもたらした経済サービス化のプロセスでもあった。つまり，経済成長が一定のレベルまでに達することになると，モノづくり産業の限界がやって来る。

　新興経済である中国でも先進国のような脱工業化の動きが現われている。前述の「経済改革」国策のもとで経済の持続的成長が背景に製造業の労働者でもある都市部の国民収入は年々と増大した結果は，中国国内賃金が大幅に高騰し，製造業の生産コスト上昇で企業収益が圧迫された。近年では，中国企業の一部も経営コストの圧迫が要因に人件費のより低い東南アジアないしアフリカなど国外への移転が起きている。2 節で述べたように，2015 年にも早く GDP における第三次産業の割合が 50％を超えたような経済サービス化の様相が強く呈している。

　一方，物的商品つまりモノが欠乏する状況下では，消費者はよりよい生活を目指すなら，真っ先に生活中の物質的充足やモノで支えられる豊かさを達成しようとし，モノ中心の物質的需要が優先される。経済高度成長期に現れた「国民生活の三種の神器」[17] のような特定の数種類の物的商品への需要が集中する社会現象がその代表的例である。

2）物質的消費から精神的追求へと消費心理の変化

　しかし，人間はだれしも生活している限り消費することを止めることはない。人間の欲求は次第により高いレベルに向かって向上していくという考え方は，アメリカ著名心理学者アブラハム・H・マズロー（Abraham Harold Maslow）が提唱した人間欲求五段階説あるいは自己実現理論がある [18]。

　マズローは人間の欲求には「生理的欲求」，「安全の欲求」，「社会的欲求」，「承認（自尊）の欲求」そして「自己実現の欲求」があると主張した。この 5 種類もある人間の欲求は順次に段階的レベルアップしていくのは基本的な考え方ではあるが，人によって自分が最も求めたい欲求の優先順位が人々の個性や嗜好などによって変わる。

　この 5 種類もの人間の欲求をモノとサービスで分けて見ると，衣食住が中心とする「生理的欲求」と健康や安心な暮らしを求める「安全の欲求」の 2 つは物的商品が主役的に機能するのに対し，他の 3 つの欲求は基本的に人間の精神的つまり心理的・情緒的要素に左右される。

　サービス満足に関する分析は第 4 章で議論するが，サービス満足は基本的に人々の心理的・情緒的側面で評価されることが多い。それは，前述の脱工業化社会に始まった経済サービス化社会現象の進展でも説明できる。工業化社会では，消費者は基本的に物質的充足を自らの生活レベル向上の核心と見なし，多種多様な物質に対する追求は最大な需要としていた。しかし，消費者の日常生活に必要とする物質的モノの充足には限界があり，物質的充足が一定のレベルの達成に近づくと，モノ以外への需要が生まれてくる。

　例えば，自宅での食事，自分の寝室での休息，自宅周辺の生活環境などを気に入って購入したマイホームの日常に対し，非日常的な感覚や体験があれば，生活ないし人生の刺激になる。この非日常的味覚や触覚はレストランでの食事サービスやホテルでの宿泊サービスの受け入れで実現可能になる。そして，視覚や聴覚さらに嗅覚に係わる非日常的感覚や体験については，映画や演劇，ライブやコンサート，観光や旅行などのサービス商品が提供してくれる。

　言うまでもなく，こうした非日常的感覚や体験を日常的に提供してくれるのが狭義また広義のサービス産業である。つまり，物質的充足は人々の所有物を増加させるプロセスに過ぎないのに対し，サービス商品の提供は人々に精神的需要を満たすことができる。自分ができることなのに他人に代わってもらうことは心理的満足で，さらに，他人が自分のできないことをしてくれる時の精神的感想や感覚はまさにサービスの重要な存在価値である。これら心理的または情調的感覚や体験がサービス商品を受け入れてはじめて達成できる。生活レベルがさらに向上していくと，サービス商品に対する需要はさらに高まっていくことも認めざるを得ない社会の現実である。

4．モノ消費からコト消費への消費行動シフト

　工業化社会の経済構造は，モノづくりと作られたモノが商流や物流を介して最終消費の繰り返しによって成り立っている。工業化社会での消費拡大も物的商品に対する消費者の需要拡大に支えられるが，経済サービス化の時代に入る

と，消費者意識も消費行動も大きく変わってくる。

1）消費生活におけるモノ主導の地位低下

　前述もあるように，物的商品であるモノの所有物の充足は一定のレベルに達すと，従来の物質的充足を中心に行動してきた消費者には追求し続けてきた欲求への達成感が高まってしまう。マズローの人間欲求五段階説によると，現状に満足した消費者は次の段階へと欲求がレベルアップする。それまで求めてきた欲求が満たされたので，1つでもよいがより上の段階に上がり，よりレベルの高い新製品などまだ経験していないモノが欲しくなる。

　物質的充足の視点では，これまで人並みや皆同じのようなモノの消費スタイルから，自分のためのモノまたは自分だけが所有するような個性的物的商品が求められる。つまり，従来のように，高質で機能も優れるモノの入手で生活が改善されるようなモノが主導する消費スタイルから，自分がデザインした生活ないし生涯デザインの実現プロセスにおいて必要な新たなモノを求めるように，消費ないし生産の主導権が消費者の個別的・個性的需要に左右されてしまい，消費市場も成熟期に入ってしまう。

　このような従来の生産と消費の立場が逆転された成熟期の市場で生まれた消費者の個別的・個性的需要に応じるべく，モノづくりの企業は自ら経営戦略を大きく転換して，大量生産の代わりに，利幅を下げても多品種少量生産体制を採り入れざるを得なくなる。

　特にモノ不足の時代では，様々なモノを手にしたくなるが，物的充足の拡大につれ，そのレベルが高まれば高まるほど，物的追求やモノの消費意欲はモノ不足時代に比べると，逆に減退して行く。こうした消費意識が一般化されると，社会全体に物的商品に対する消費が限界に達する[19]。製造業では，絶えず新製品の開発と発売に取り組むのがもとより，他社との差別化や自社の独自製品の市場投入など，消費者に新しい価値やより高い付加価値の商品を提供するよう，競争が日増しに激しくなりつつある市場シェアの拡大にマーケティング手法を巧みに駆使される。

２）消費新動向によるサービスへの需要拡大

　モノづくりの継続は生産された物的商品が消費されることが前提だというのは市場経済の法則である。物質的充足は高いレベルに達する成熟した市場では，個性的な物的商品を求める消費層は拡大し続いていく。それと同時に，２節の図１－１のように，経済サービス化社会では，物的商品に対する消費支出が低下しつつ，サービス商品に対する消費支出が増大する一方である。

　もちろん，経済サービス化社会の消費者は決して物的商品を消費しなくなるのでない。消費行動は従来の物的商品を消費するための購入から，サービスを受ける中でモノを購入して消費するや，サービス商品を受け入れながら必要な物的商品の追加購入または物的商品の追加購入によってサービス商品の消費はより楽しめられるなど，物的商品消費の仕方が変わってくる。いわゆる「モノ消費」から「コト消費」へと消費行動が大きく変わってきた。

　コト消費とは，高性能・高品質な物的商品などを購入し自己所有を意識して，これらのモノを自分の意志で自由に支配できるような「モノ消費」的消費行動に対して，新たな感覚や未経験の体験などを得られるため，人と会い，祭りに加わり，イベントへの参加などを通じて消費に動く。もちろん，人と会う際，祭りやイベントに参加する際に必要の物的商品も消費することになる。

　モノ消費では，当然，食品や洗剤のような長持ちできない非耐久消費財や自家用車や住宅など長期間にわたっての消費ができる耐久消費財の考え方のように，いわゆる後述の経済学的コンセプトに基づいた外形がはっきりと確認できる物的商品が中心である。対して，コト消費は行動科学理論[20]を根拠に，人々は自らの消費行動をプロセス重視でそれぞれ孤立的物的商品の消費行動を関連性があるように一連の出来事において行われることである。

　端的に言うと，モノ消費に対してコト消費の金額は大幅に拡大している。これも図１－１で見られるように，1990 年代から 2010 年代になると消費支出は４倍も拡大に達している。経済サービス化時代では，消費者の購買行動はモノからコトへとシフトして，GDP に占めるサービス産業割合の増大を後押ししていたとも言える。

5．経済サービス化とサービス貿易のグローバル化

　社会の経済状況については，一般に GDP という基準で地域経済や一国の経済実態などが集計される。これは，ある地域あるいはある国の為政者が自らの政治力範囲において地域住民や国民の現時点の経済実態を把握して，今後の法整備，政策立案や施策推進の根拠にするためである。ところが，社会経済の主役は政府や自治体ではなく，サービス業も含めた生産・販売・流通など経済循環の具体的担い手である。それぞれの産業や経済分野では，様々な企業は各自の経営戦略にかかわる日常な意思決定や事業展開，企業の目標管理や企業統制などを遂行している。

　企業行動は科学進歩や技術革新，市場トレンドや消費者行動の変化，そして経営成果や利益獲得などに左右されつつも，決して特定の地域や特定の国に限ることではない。今の時代では，経済サービス化が進化しながら企業の行動や事業展開はグローバル的に広がっている。

1）グローバル的経済サービス化の広がり

　グローバル化またはグローバリゼーションとは，定義論ではなく説明すると，それは，特定の人種や民族，地域や国に限定せず，人・カネ・モノ・情報と言った経営資源が企業の経営目標達成のために地球規模で最も適切な状態で企業の経済活動展開ができるよう，企業が目指している利益追求の最大化を可能にすることである。また，グローバル化は，決して経済活動に限ることでもない。観光や旅行などの人的交流，世界各国や各地域間の伝統や風習，生活慣習などの地域間の社会的交流，芸術や文化ないし価値観の相互理解などの文明的交流でもグローバル化が進行している。では，サービスまたはサービス産業では，グローバリゼーションの実態はどうなっているのかを見てみる。

　近年，東京や大阪など一極集中の超巨大都市も，京都や金沢など日本文化の神髄を随所に見られる歴史都市も，伊豆半島や箱根，湯布院や草津など日本の

(単位：100万ドル)

2016順位	2017順位	国名	1995年	2000年	2005年	2010年	2015年	2016年	2017年	2015-16年増減額	2016-17年増減額
		WORLD	57,744	33,006	38,781	84,680	10,716	19,212	19,129	8,694	41
		(国数)	*142*	*146*	*172*	*182*	*184*	*183*	*172*	*183*	*172*
1	1	U.S.A.	28,455	34,402	21,479	50,387	92,386	83,332	75,725	▲9,054	▲7,607
3	2	Thailand	3,764	4,711	5,773	14,477	37,204	39,720	46,434	2,516	6,713
2	3	Spain	20,829	24,753	34,390	37,375	39,186	41,320	46,114	2,134	4,794
4	4	Macao	n.a.	n.a.	6,511	21,477	29,755	29,269	34,644	▲485	5,374
6	5	France	11,229	10,316	12,593	8,163	18,800	14,366	19,417	▲4,434	5,052
7	6	Turkey	4,046	5,923	16,087	17,391	21,248	13,960	17,655	▲7,288	3,695
5	7	Italy	13,906	11,810	12,948	11,530	15,003	15,391	16,665	388	1,274
9	8	Japan	n.a.	▲28,512	▲25,135	▲14,726	8,994	12,190	15,888	3,196	3,698
8	9	Greece	2,812	4,661	10,295	9,626	13,404	12,505	14,709	▲899	2,205
10	10	Portugal	2,732	3,015	4,626	6,100	8,687	9,792	12,422	1,106	2,630

表1－3 世界各国の旅行収支受取る超過額（上位10）

出所：（一般社団法人）国際貿易投資研究所『国際比較統計』（2019年4月）資料作成。

温泉文化が体験できる温泉郷も，さらには，スキーツアーや流氷観光などを楽しめる北海道の大自然も，数えきれないほど外国からの旅行者の人気の的になっている。数年前までは，マスコミに大々的に取り上げられていた「爆買い」のような外国観光客の買い物ツアーはどこかしこも見られなくなった。これも，実に日本の消費者にとどまらず，モノ消費からコト消費までへ消費行動のシフトはグローバル的に進展している事例である。

　一方，表1－3の統計データを見ると，旅行収支における世界上位10ヵ国の実態が1995年から2017までの推移が分かる。収益総額の断トツ一位はアメリカで，1995年以降旅行分野の黒字は順調に拡大してきた。ところが，2015年をピークに減少に転じた。これは，2016年に発足したトランプ政権よる外国人に対するアメリカへの入国ビザ審査が厳格化した結果とも言える。一方，日本では，2010年までには国際旅行収支は赤字が続けられたが，その後，黒字化となり，2017年になると，2015年の倍近く黒字が急速に拡大してきている。これは，表には表れていないが，海外旅行に向かう日本人観光客が横ばいに対して，前述のような日本各地に外国人観光客が大勢にやってきたことの裏付けでもある。

　因みに，近年，急速かつ大幅に拡大する日本を訪れる外国旅行者の中，中国

からの旅行者数は一位である。海外旅行の収支では，物品貿易でアメリカや日本に対して巨大な貿易黒字を獲得している中国は黒字国ではなく，赤字国である[21]。

２）サービス貿易におけるグローバリゼーション

　国際貿易には，基本的に物的商品であるモノの輸出と輸入を中心に行われる物品貿易とサービス商品の提供と受け入れに係わるサービス貿易がある。物品貿易は，文字通り，物的商品の輸出と輸入である。サービス貿易とは，国境を越えて，銀行や保険会社などの金融業サービスの提供と利用，バス・電車・船舶・航空機などによる運輸サービスの提供と利用，さらに，旅行代理店の業務展開，電話サービスや郵便サービスの提供と利用，そしてインターネットを通じて提供される情報通信サービスなどの提供と利用に係わる企業または個人によるビジネス活動である。

　サービス業の生産物は形体があり，国境を超える距離的移動のできる物品のような国際貿易の対象にならないことが多いから，サービス貿易は，国際収支統計上では貿易外収支に含まれる。サービス貿易は，一般に次のような４つの形態（モード）がある。

①　国境を越えるサービス取引

　これは，国内の企業が国外向けのカタログ販売や通信販売，国外に在住する顧客に対し提供する電話サービスやインターネットを通じての情報提供やコンサルティングサービスなど，国境を越えてのサービス商品提供である。つまり，国内の企業が国内に拠点を置いて，国外に在住する消費者や顧客に対して提供するサービス商品である。これはサービス貿易の第一モードと言う。

②　海外におけるサービス消費

　これは，国外へ進出して現地でサービス商品の提供かまたは国外でサービス商品を受入れることである。例えば，国外の施設などを利用して，各種の会議

やイベント，見本市などを催したり，参加することや，船舶や航空機などの修理や点検を国外の企業に依頼することなどである。つまり，国境を越えて，国外の地でサービス商品を提供したり，受け入れたりすることである。これはサービス貿易の第二モードと言う。

③ 業務上の支店を通じてのサービス提供

　これは，銀行や保険会社，旅行代理店や輸送会社，会計士や弁護士事務所などサービス企業が国外で支店や支社，合弁企業など現地法人の開設でサービス業務を展開することである。旅行サービスでは，自国の旅行者や旅行ツアーに対し現地で旅行関係のサービスを提供したり，外国居住者を自国へ旅行するよう誘致することなど，国内企業などが国外で現地法人の設立などでサービス業務を展開することである。これはサービス貿易の第三モードと言う。

④ 人の移動によるサービス提供

　これは，短期間にわたって，国外から芸術家や専門家・技師などの招聘または派遣による芸術演出やライブ・国内ツアーなどのエンタテインメントや娯楽サービス，専門技師による特殊機械や設備の修理・保全サービス，専門家や著名人の講演や講義，セミナーなどのサービス提供または受け入れである。つまり，国外から以上のサービス商品提供ができる必要な人物の招聘あるいは以上のサービス商品提供のため国内人材や専門家の外国派遣を通じて国内または国外でのサービス提供である。これはサービス貿易の第四モードと言う。

　以上の4種類サービス貿易モードを説明するため，次の観光旅行を事例に考えてみた。例えば，Aさんはイギリスへの個人自由旅行を行ってくるとする。
　Aさんは，自宅を出て成田空港に移動し，ロンドン行きのイギリス航空機に乗った（第一モードの越境サービス：日本に来たイギリス航空会社が提供する輸送サービスを受ける）。ロンドンに到着したAさんは現地ホテルに泊まり，翌日は現地ガイドの案内でロンドン市内一日観光に出かけた（第二モードの海外での消費：ホ

（単位：100万ドル）

2016 順位	2017 順位	国名	1995年	2000年	2005年	2010年	2015年	2016年	2017年	2015-16年 増減額	2016-17年 増減額
		WORLD	45,475	46,901	51,863	135,233	176,361	220,357	269,030	44,100	36,296
		(国数)	*145*	*150*	*176*	*185*	*185*	*184*	*173*	*184*	*173*
1	1	U.S.A.	77,783	74,261	68,553	153,445	263,334	249,050	255,222	▲ 14,284	6,172
2	2	U.K.	14,119	20,678	62,764	93,585	138,615	137,322	147,525	▲ 1,293	10,203
3	3	India	▲ 3,493	▲ 2,503	5,013	38,155	73,635	65,896	75,923	▲ 7,739	10,027
4	4	Spain	17,527	19,840	30,835	44,621	52,679	56,792	63,067	4,113	6,275
5	5	Macao	n.a.	n.a.	6,283	21,182	29,416	29,013	34,258	▲ 403	5,245
10	6	France	17,568	12,059	18,915	20,008	22,220	19,778	30,158	▲ 2,442	10,379
6	7	Thailand	▲ 3,987	▲ 1,592	▲ 6,873	▲ 6,993	19,240	24,281	28,857	5,041	4,576
7	8	Hong Kong	n.a.	▲ 12,919	▲ 8,873	10,143	30,263	24,055	27,064	▲ 6,208	3,009
8	9	Luxembourg	n.a.	6,720	13,032	16,874	22,535	23,231	24,375	695	1,145
11	10	Greece	5,237	7,915	19,140	17,292	18,379	18,142	20,719	▲ 237	2,577

表1－4　世界各国のサービス貿易収支受取る超過額（上位10）

出所：（一般社団法人）国際貿易投資研究所『国際比較統計』（2019年4月）資料作成。

テルの宿泊，観光サービスを受ける）。ロンドン市内観光中，Aさんはロンドンチャイナタウンで横浜中華街にも出店する系列中華飯店で高級コース料理を食べた（第三モード：海外支店の飲食サービスを受ける）。市内観光を終了し，Aさんは夜にロンドン公演中の大相撲ロンドン場所を鑑賞した（第四モード：人の移動で提供する娯楽サービスを受ける）。

　以上4種類の形態では，サービス商品を受け入れる顧客の国籍とは無関係なのではあるが，サービス商品を提供する貿易主体は輸出国とされる特定の国に本拠地を置くことが多い。このために，国際貿易上では，国別のサービス貿易は経常収支の勘定がある。

　表1－4は世界各国のサービス貿易収支黒字額の高い上位10ヵ国を掲載している。海外投資や海外企業からの特許使用料収入などの多いアメリカはサービス貿易黒字国の断トツ一位ではあるが，表1－3の旅行収支と同様に，2015年をピークにサービス貿易の黒字額も減少をしている。日本が表1－4にランクインされていないのは，近年の来日観光する外国人旅行者が急増しているものの，サービス貿易の収支バランスではまだ赤字国から脱出できていないからである[22]。

　要するに，従来，国際貿易は物品取引やモノである物的商品の国際間の移動

などとして注目される。しかし，経済サービス化社会にさらなる進展をする中，モノ消費からコト消費への消費者行動の変化はサービス貿易にも幅広く広がっていき，グローバル的な経済規模の拡大とともに広がっている。

【注】

1）「サービス経済化」と「経済サービス化」との用語は同じ意味だと思われるが，前者は主として経済におけるサービス分野産出のシェアが高くなっている事実への注目に対して，後者は，経済構造が次第にサービス産業へのシフトというプロセスに注目する。前者はサービス業を静態的に見るのに対し，後者は動態的見方である。本書は，マクロ経済の進展や経済における産業の構造転換，ミクロ的企業行動のグローバル化などを経済や企業経営への動態的視点に立ち，「経済サービス化」に賛同する。

2）日本標準産業分類では，国内産業を第一次産業・第二次産業・第三次産業に分類される。また，第三次産業は非製造業と呼ばれ，モノづくりとの違いに注目する。第三次産業に分類される多くの産業は形体が確認できないサービス商品を提供するのが多く，このため，広義のサービス業とも呼ぶ。

3）脱工業化社会（post-industrial society）は，1962年，ハーバード大学のダニエル・ベル（Daniel Bell）によって定式化された用語で，脱産業化社会とも言う。それは工業化社会の後，産業構造における情報や知識，サービスを扱う第三次産業の占める割合が急激に高まり，社会経済産出では，情報が中心となって新たな価値を生み出す社会的産業構造である。現在では「情報化社会」と言うのが一般的である。

4）「豊かな社会」（The Affluent Society）は，本来，1958年に，ハーバード大学のジョン・ケネス・ガルブレイス（John Kenneth Galbraith）の著書『豊かな社会』にて提唱される経済成長のコンセプトである。それは第二次大戦後工業生産の持続的拡大により，社会経済における新たな物質的産出がかつてなかった勢いで持続的に増大したことを背景に社会の物質的豊かさが持続的に拡大してきたことを指した欧米先進国特有な社会現象であった。本書は，21世紀に入ってから経済が持続的に成長した結果，世界的にも経済のサービス化がさらに拡大している中で，先進国のみならず，新興国などでも国民の需要における物質に対するニーズよりも精神的・情緒的ニーズが上回り，日常生活では，他人の代行が中心とするサービス需要への訴求や消費支出が拡大してきている社会的状態を指す。

5）日本の観光統計データ（JNTO）によると，2018年に訪日した外国人観光客 31,191,857

人のうち，先進国である欧米豪諸国からの観光客の割合が 11.6% に対し，東アジアから
の観光客は全体の 73.4%（そのうち，新興国中国は 26.9%），東南アジア＋インドから
の観光客は 11.2% を占めている。

出典：https://statistics.jnto.go.jp/graph/#graph--breakdown--by-country

6）ライン生産方式（flow production system）とは，流れ作業とも言う。かつてアメリカ
自動車産業ビッグスリーの 1 つであったフォード自動車を創業したヘンリー・フォード
が生産性を高めるために開発した生産方式である。この生産方式のもとで，代表的 T 型
フォード（Ford model T）自動車は 1908 年から 1927 年までにモデルチェンジがないま
ま 1,500 万台以上も生産され，世界中に販売されていた。

7）脱工業化については，フランス社会科学高等研究院研究主任のアラン・トゥーレーヌ
（Alain Touraine）が社会経済的視点の経済サービス化というより，政治社会学視点から
主張したような専門技術との関係で権力を行使する新たなテクノクラシーと，そうした
技術や権力から排除されることによって疎外される新たな人々との闘争（新しい社会運
動）ではあるとの捉え方もあった。こういった議論は，本書は割愛する。

8）1973 年に起きた初めての石油危機（Oil shock）による国際石油価格の高騰は日本の戦後
高度経済成長期を終息させる直接要因ではあるが，もう 1 つの要因は 1971 年に起きた
「ニクソンショック」（Nixon shock）である。1971 年 8 月 15 日，当時のニクソンアメリ
カ大統領はそれまで金とアメリカドルの自由交換を中止すると宣言した。この宣言は世
界経済に対する衝撃の巨大さはもとより，同年末になると，1 ドル対 360 円だった円ド
ルレートが 10% 以上急上昇し 320 円となった。これは，「貿易立国」の国策のもとで輸
出産業主導の高成長を維持してきた日本経済への打撃は壊滅的ほどだと言われる。

9）濱島朗・石川晃弘・宮内郁郎著『社会学小辞典』有斐閣，1997 年 6 月，416 頁。

10）BRICs は新興経済と呼ばれる新興国の代表的五ヵ国の頭文字で，ブラジル，ロシア，イ
ンド，中国と南アフリカを表す語である。投資銀行ゴールドマン・サックスの経済学者
ジム・オニール（Jim O'Neill）が 2001 年 11 月 30 日の投資家向けレポートに最初に用
いられた。

11）G20 は世界 20 か国・地域からなる経済などの国際的協力機構である。EU，アメリカ，
イギリス，ドイツ，フランス，日本，イタリア，カナダ，ブラジル，ロシア，インド，
中国，南アフリカ，メキシコ，オーストラリア，韓国，インドネシア，サウジアラビ
ア，トルコ，アルゼンチンの 20 か国・地域である。

12）柿沼重志・中西信介「日本経済の変遷と今後の成長確保策としての支柱」，参議院『経
済のプリズム』No111，13 頁。

13）これは最も広義の第三次産業，「公務」の 26.88 兆円（4.93%）も含まれている数字であ

る。

14) 今日，アメリカは世界各地から大量の工業製品を購入するのは，決してアメリカの製造業が衰退したのでなく，経済のグローバル化でアメリカ国内の製造業が生産能率のよい国外へ移転した結果である。

15) 国連公表のデータ《Statistical Yearbook》– 61st issue（2018 edition）によると，2016年アメリカ GDP 総量における産業別の割合はそれぞれ，第一次産業は1.0%，第二次産業は19.2%，第三次産業は79.9%になっている（National accounts – Comptes nationaux p.215）。また，G7 諸国の第三次産業割合を見ると，日本は71.0%（p.208），ドイツは63.4%（p.207），イギリスは79.2%（p.215），フランスは78.8%（p.207），イタリアは74.0%（p.208），カナダは69.8%（p.205）になっている。

16) 産業空洞化とは，国内企業の生産拠点を国外へ移転することによって，国内産業構造に占める製造業の割合が低下することである。日本の産業空洞化は特にバブル経済崩壊以降の1990年代の前半が際立った経済現象であった。1995年の『経済白書』では，国内製造業縮小による産業空洞化の要因は，① 円高による輸出減少，② 輸入による国内生産の代替，③（海外生産への）直接投資の増大による（国内生産のための）国内投資の減少の3つが挙げられた。

17) 「三種の神器」は本来天皇の地位の証としての鏡，剣と曲玉を指す。経済高度成長期では，国民生活水準の向上で多くの国民は自ら「中産階層」に達したことの証として，各家庭とも電気洗濯機，電気冷蔵庫，テレビへの購買行動に集中していた。結局，この三種の家電製品に対する需要は家電メーカーの大量生産・大量販売に支えられた。因みにその後，3C と呼ばれる新三種の神器のクーラー（冷房だけのエアコン），カラーテレビ，カー（自家用車）への需要は日本経済の持続的成長を支えていた。

18) マズロー（A. H. Maslow）によると，「人間は自己実現に向かって絶えず成長する」と仮定し，その成長に5つの階層がある。それらは，本能である「生理的欲求」，安全や経済的安定を求める「安全の欲求」，他者や組織・集団とのかかわりを求める「社会的欲求」，集団における他人からの尊敬や地位獲得を求める「承認（自尊）の欲求」および自分の持っている能力を最大限に発揮できることを求める「自己実現の欲求」のように段階的に上がっていくという。Maslow, A. H. (1943), *"A Theory of Human Motivation"*, *Psychological Review, 50*, pp.370-396.

19) 経済学説によれば，これはいわゆる「限界効用逓減の法則」である。つまり，所有物の増加はそれにつれて得られる効用は次第に減少していくという考え方である。例えば，車が1台を取得すると，その車の効用は車がない時と比べると，自分にとってのメリットは持ってなかった時より格段と高くなる。しかし，2台目の車を取得する時には，1

台目の車を取得した時よりはそれほどメリットが大きくならず，むしろ，2台の維持費
用なども必要でデメリットが現れることもあり得る。

20）行動科学（Behavioral Science）とは，人間の行動を経済学・政治学のほかに，心理学・
社会学・人類学・精神医学なども含めて科学的に研究・分析する学問である。1940年代
にアメリカシカゴ大学のJ. G. ミラーが中心とする心理学者グループが提唱したコンセプ
トである。1950年代には，多くの研究者が人間行動の科学的分析に基づいて多くの分野
に成果を上げていた。マーケティング分野では，消費者行動論などがその代表的研究成
果である。

21）同じ2019年4月に公表している一般社団法人国際貿易投資研究所の統計データによる
と，中国は1995年から2005年にかけては国際旅行の黒字国だったが，経済の持続成長
により国民収入が急速に拡大し，海外旅行ブームが起き，2010年より日本とは真逆に国
際旅行の赤字国となった。2017年旅行分野の赤字は2,251億ドルにも達している。

22）一般財団法人国際貿易投資研究所の『国際比較統計』によると，2017年度日本のサービ
ス貿易赤字は65.1億ドルで21位にランクインされる。前年度2016年の107.2億ドルの
12位より改善している。因みに，サービス貿易赤字国の断トツ1位は2,654.2億ドル
（2018）の中国で，日本の40倍もある。

第2章

サービスの一般認知とサービス定義

　経済サービス化進展のグローバル的広がりを議論したが，サービスについての認識は決してグローバル的に共通するものではない。サービスへの認識には，文化や伝統，社会通念や生活習慣などにより各地域や各国の間に認識の相違があるのが理解しやすいかもしれないが，一国内においても異なる地域，また，多民族国家であれば，民族や人種，異なる文化や宗教，道徳基準や価値観などの間に相違が存在する。

1．サービスに関する認識の相違点と共通点

　国の制度では，価値観が基本的に共通すると公認される欧米と日本のような先進国の間でも，サービスに関して，多くの共通点があるにもかかわらず，次のような相違が存在する。

1）欧米における「サービス」への認知と一般常識

　サービス（service）とは，文字通り，英語由来のカタカナ語で，サービスの語源はラテン語の「奴隷」（servus）だとされる。サービスは，本来，中世の奴隷制社会において身に自由のない奴隷たちが彼らを所有する主人に対する従属や従順，また，主人に対して生涯にわって献身的に奉仕することであった。近代社会になると，特に奴隷制度や封建社会が終焉し民主や自由のコンセプトが基本的に世界共通する現代社会では，サービスという表現は，主として対等する他人との間の人間関係の在り方を表す語意になっている。

　にもかかわらず，法的には平等ではあるが，個々の個人間には，家系や歴史

的伝承，社会的ステータス，企業や組織内の役職やポスト，また，年齢や地域
での知名度などによって平等でない人間関係も多くある。こうした人間関係に
は組織的または意識的に尊卑や上下のような不平等も実在する。他方，経済社
会では，売買や取引などビジネス関係では，いわゆる需要と供給のバランスに
係わる経済や市場における拮抗力[1]（countervailing ＝カウンターベーリング）など
で多くの派生的意義が現れ，サービスという表現に関する解釈も多様に拡張さ
れ今日に至っている。

　サービスとサービス商品は後述のように異なることである。本書はサービス
に関する多くの解釈や理論研究を踏まえ，金銭のためでない人間関係や人間同
士のサービス的関係を意識しながらも，利益追求するサービス商品，サービス
業やサービス産業を中心にサービスの議論を展開していく。

　一般論のサービスは，誰かに「奉仕」すること，「誰かに尽くすこと」，何か
に「貢献」すること，他人にまたはある事に「役に立つこと」などに広く使用
される[2]。また，サービス的関係は企業などの営利的活動に限らず，NPO や
NGO など，営利企業の非営利行動や非営利組織なども含まれる[3]。

　語源的サービスの他に，今日のサービスに対する認識では，アメリカの著名
学者ラブロック（Christopher Lovelock）とウィッツ（Jochen Wirtz）によると，
サービスは，「奉仕すること」「援助すること」「便益を与えること」「他人の幸
福やメリットになるための行為」など，欧米の一般的認識[4]を認めながらも，
営利のために企業が提供するサービスは，「一種のある主体（提供側−著者注）
が別の主体（受入側−著者注）に提供する経済活動である」と定義している[5]。
つまり，サービスは，顧客が対価として「金銭，時間，活動」を払い，「物，
労働力，専門技術，設備，ネットワーク，システム」の利用を通じて，自ら求
めている「価値」を手にする場合に生じるものである。

　一方，こうしたサービスに関するアメリカの商業的またはビジネス的認識に
対して，北欧の代表的学者グルンロース（Grönroos, Christian）[6]が主張している
ようなサービスとは，顧客との間に「約束」した一種の「契約」に基づいた履
行である。これらの理論研究については，第 7 章のサービスに関する理論研究

において改めて詳細に検討する。

２）日本における「サービス」に関する文化的・社会的通念

　西欧文明発生の地でもある西半球に位置する欧米諸国に対し，東半球[7]に
ある日本では，世界的にもサービスのレベルが高いと評価される。カタカナ語
で表す「サービス」あるいは「サーヴィス」[8]が使用される前の昔から，日本
語には，サービスという行動や行為に関しては，主に「奉仕」や「貢献」，「用
役」や「役務」などの表現がある[9]。

　日本では，「奉仕」あるいは「奉公」は古くから一般に「国家・社会・目上
の者」などに対し自分の利益を考えずにつくすような上下・従属関係を意味す
る。また，日本社会では，本来，「奉仕」というのはつつしんでつかえるよう
に，家庭内の人間同士や利益集団内の身内の間の尽くし合いでもある。その名
残で，今日でも身内への「家族サービス」や企業や組織に対する「サービス残
業」などがある。さらに，家庭や企業外の社会では，歴史的に神道の影響か
ら，「神に仕える」という畏服する意味もある。

　近代工業が出現する前の日本では，封建的主従関係のもとで，手工業時代の
社会的伝統とも言われる「親方子方」制度[10]という職人技能の習得・指導制
度がある。親方制度では，特定の技能を習得するために，複数の徒弟は入門か
ら親方に一人前と認められるまでに，親方の家に住み込み，特定職の技能を取
得しながら家事手伝いや親方及びその家族を含めた皆の身の回りの世話までも
することは「奉仕」と言う。こうした特定の技能習得は修業とも称され，修業
の期間中では訓練・指導される徒弟または見習いは無報酬の状態にある。

　やっと一人前に修業ができて独立して自分の事業ができるようになると，
「暖簾分け」[11]が認められる。こうしたような自立できるまでに親方やその家
族に対して行った「奉仕」行為は今日の言うサービスに当たる。

　こうした親方及びその家族も含めた献身的な日本的親方子方のような「奉
仕」制度は西欧的奴隷が主人に奉仕するというサービスとは共通的部分もある
が，両者には根本的違いは２つある。１つは，日本的「奉仕」は生涯にわたっ

て続けることではない。もう 1 つは，徒弟たちが「奉仕」を終えたら，その報いとして「暖簾分け」という親方からのサービスもある。

　ビジネス分野では，近世から商業活動が盛んになってきた結果とも言える江戸時代末期から明治時代初期にかけて，「文明開化」のもとでの開国時代，または 1980 年代日米貿易摩擦が激化した時期に，諸外国に「町人国家」[12] までも称される日本では，卸売や小売にかかわらず，売買や取引の契約を結び付くため，または取引成立後，取引相手と今後も長期的継続的に取引関係を維持して行けるための「おまけ」という商慣行も今日の言うサービス行為である。

　日本的商慣習とは，小売業では，購入客に対し，無料の物的商品 [13]（景品など）を付帯的に提供するほか，試用品や試供品などの無償提供の形態が多い。卸売業では，得意先に対し，月ごとや半年・一年間で区切るような一定期間の取引額に基づき歩合で連動して一定割合の金銭による支払いのような「割り戻し」または「歩戻し」（リベート rebate とも呼ぶ [14]）という商慣習がある。これらは今回の取引成立に対する謝意や今後も取引関係を維持していく狙いに「貢献」できるので，いわゆる取引関係の成立と維持という目的に「役に立つ」ことである。言うまでもなく，これらも今日の言うサービスの部類に属すものである。

3）欧米と日本の共通点とその他のサービス行為

　以上のような日本的通念とは別に，日本語では「ご好意」や「思いやり」と称される金銭的関係がなく，利益や利得を求めぬ無償的サービス行為も多くある。人間関係では，関係のよい特定の相手との関係維持，またはさらに深めるために，または相手との関係を良くして行こうとするために，または純粋に社会的弱者や不運に見舞われる人々に対して，金銭的寄付や支援も含め様々な手法や形態を活用して相手の目的・目標が達成，または状態を回復・好転できるように応援や助力，手伝いや手助けなどを行う。

　こうした行為は，決してその見返りや報いを求めることなく気持ちの表しや言葉的応援などのような「ご好意」や「思いやり」，さらには，金銭的・物質

的寄付行為などのような無償または非営利サービスである。これらは欧米的慈善やボランティア行動を通じて，不特定の相手に対し，多くの他人が不運や災害，事件や事故などから早く回復できるように，あるいはある事を順調に運んでいけるようにしてあげることもサービス行為である。こうしたサービス行為は欧米でも日本でも共通的ものである。

　要するに，サービス的行動や行為は日常生活でもよく見られるが，「誰かに尽くすこと」または他人に何かの「役にたつこと」，どのようにしてあることに「貢献」し「奉仕」することなど様々ある。近年では，こうした決して金銭的結び付きのないサービス行為は，先進国でも新興国でも多く見られている。

　これらの行為は，個人的または組織的にかかわらず，いずれも無償で利益を求めない非営利的サービスとして見做される。このような弱者に対する積極的な人間関係によって支えられる無償サービスは今後の人間社会には非常に大きな意義もあるが，残念ながら，本書の検討する商品であるサービスの事例として取り上げることは難しい。

2．サービスに係わる一般的な認知に関して

　サービスに関する学問的解釈や理論的研究，そしてサービスマーケティングについての議論は本書第7章で行う予定だが，サービスというのは，我々が日常生活に頻繁に出会い，1人の消費者あるいは顧客の視点からでは，前述の欧米や日本の歴史や文化的立場での認識とは異なり，より日常的な見方もある。本節では，日常暮らしにおける消費者または顧客の目で見たサービスに関する通念的認識を2つ検討する。

1）アフターサービスに関して

　今日では，アフターサービスという言葉は日常生活に使用されるが，これは本来，メーカーマーケティング手法の一部分である。3節で解釈するが，主として形体ある物財（経済学は「有形財」と言い，商業・流通業界では商品という）が中

心とする考え方で，特に購入後長きにわたって使用し続けられる耐久消費財が消費者に売り渡した後に，メーカーは品質保証の見地から製品の使用状態維持に対し提供するサービスである。いわゆる物的商品を安心に購入できるように，モノの消費を促進するために付随されるサービスである。

　アフターサービスは製品を購入した顧客が受けられる権利なので，単体としてアフターサービスを購入するのは不可能である。アフターサービスは顧客の再購入意欲を引き出すために，また，同社の他の製品も購入してもらうために提供されるサービスでもある。マーケティング販売促進手法として，顧客との取引関係を長期にわたって維持し，顧客の「生涯価値」[15] (Lifetime Value) を高めさせようとする有効な手法である。

　ところが，アフターサービスは決して経済学的耐久消費財にしか付随されるものでもない。小売業では，いわゆるパンや野菜など最寄り品で非耐久消費財販売にも小売店のアフターサービスがある。消費者に最も馴染みあるのは商品の返品や交換，また，プレゼント用のラッピングやギフト包装，食料品や食材，日用雑貨など，日常最寄り品にもアフターサービスが付随されている。

　経済成長の鈍化や消費低迷の昨今では，将来への不安が払しょくできない消費者の買い控えなどが要因に，市場環境が著しく悪化している。それと同時に，生産や供給の絶対的超過に加え，個別企業間の競争激化などを背景に，従来の価格競争または生産技術や製品性能に関わる競争だけでは，マーケティングは戦略的・戦術的限界に近付いてくる。このために，アフターサービスに係わる競争はマーケティング競争戦略の重要な手法となりつつある。

　物的商品は市場で大量に販売される今の時代では，同類または類似商品を目の前にして，消費者の大多数は，溢れかえる商品の多くに対して，自力でその性能などの良さを判別することはもはやできなくなる。また，商品構造もさらに複雑化しており，一般消費者はかつてのように購入した商品の簡単な手入れまたは日常の簡単な修理なども不可能になっている。

　したがって，物的商品を購入する前に，消費者は購入意思決定に際して同類または類似商品に対して，商品の使い勝手やアフターサービスの有無や種類，

サービス内容	付属サービス
飲食サービス	消費金額に基づいたおまけ・割引，試飲・試食，事後アンケート調査，割引券送付，個別的案内
宿泊サービス	常連客への特別配慮，チェックアウト時の記念品，事後の礼状・感謝状・挨拶状，割引券・新サービス案内送付
引っ越しサービス	オフシーズン・リピーター割引，景品・粗品贈呈，事後アンケート調査・無料で家具配置の調整・移動
観光・旅行サービス	オフシーズン常連客向けの割引，グループ割引，人数・金額に基づいた無料オプション，記念品
教育サービス	卒業前の就職情報提供，卒業記念品・パーティー，卒業生問い合わせ応対，卒業生向けの各種書類発行の事務対応

表2－1　サービスに付随するアフターサービス

利用しやすさなど各社の製品を比べる。また，今の時代では，商品とサービスの区別も第1章で議論した「コト消費」のように曖昧になってきているので，アフターサービスに関する注目度は益々高まっていく。

　表2－1に挙げられた事例を見れば，付随サービスは決して物的商品だけに付けるものには限らず，多くのサービス商品にも多種多様な付随サービスまたはアフターサービスが付いていることが分かる。

　今日では，業種や業態にかかわらず，小売業やサービス業は顧客の再度の商品購入やサービスの再度受入れを狙い，顧客に対し金券に相当するポイントなどを付与するなど，商品に付随するサービスが一般化されている。

　文字通り，アフターサービスを含め物的商品の付随サービスは単独の商品として購入または受け入れることはできない。ところが，こういったサービスは付随的とは言え，物的商品を購入しようとする消費者やサービスを受入れようとする顧客購買行動の意思決定に与える影響の大きさは見落としてはならない。特に，大型商品や耐久消費財を購入する際，または学校教育などのような高額サービスを受けようとする際には，購入後のアフターサービスやその他消費者が理解しやすい利便性やメリットなどの付随サービスの有無と多少が決め

手になり得る。

2）セルフサービスに関して

　スーパーマーケットは 1953 年に，東京港区青山に紀ノ国屋が出店してから人間と言えば還暦も超える日時が経っている。セルフサービスという言い方もとっくに一般消費者の馴染みになり，日常会話にも飛び交わされる。ところが，サービスの対義語とされるセルフサービスに関しては，商品であるサービスとの違いを検討する必要がある。

　サービスの定義に関する議論は本章 4 節で行うが，サービス成立の基礎と言えば，提供する企業や従業員と受け入れようとする顧客という 2 人以上の関係者が同時に存在し，場合によっては複数人間の出会いがサービスの成り立つ条件とされる。それは，サービスとは，人間同士の相互作用[16] だからである。なお，サービスは相手に対して提供するもので，自分のために提供するものではない。セルフサービスの場合は，自分のために何かをしてあげること自体はサービスとしては認められない。

　セルフサービスはスーパーマーケットの誕生[17] とともに生まれた言い方だが，元々は買手の顧客に対し，売手の小売業が商品を売り渡すまでの間に商品に関する多くの付随サービスも同時にして上げる必要がある。商品素材や産地，生産者や製造・加工方法，使用注意事項などの情報提供，それにラッピングや包装，大型商品であれば自宅や指定した場所への配送など，ありとあらゆるサービスが付随されている。

　しかし，スーパーマーケットは商品価格の安さを訴えると同時に，店舗運営コスト削減の方策としても，商品に対する前述の付随されるサービスの一切を省くことにした。今日では，上記の企業のコスト削減行為をセルフサービスと称し，それをフルサービスの対義語として作り出され確立したのである。

　一方，サービス業の例を見てみると，立ち食い飲食店の場合は，料理の注文や運びから食事中の水提供やお茶汲み，食後済んだ食器の返却までのすべてが顧客自身で行うのがセルフサービスと称される。同様に，低価格をセールスポ

イントとする社員食堂や学生食堂などもこういったセルフサービスと呼ばれるシステムが導入される。

　セルフサービスはノーサービスとは同義ではないが，小売店で顧客に物的商品を販売する際にどういった付随サービスがあるのかを見てみよう。スーパーやコンビニ以外の小売店などでは，接客する小売店員が来店客の要望を聞き，それに従い商品棚に行き商品を取り，顧客の前に商品を確認して代金を受け取る。また，支払い後に購入した商品をレジ袋や手提袋に詰め，場合によっては店舗の出入り口までに同行してそこで顧客に商品を手渡す。これらサービスをしながら，顧客に対して商品の素材や生産者，製造方法や使用注意事項などの説明も行う。店員のこうした一連の動きは一般に商品販売に付随しているサービスとして認められるが，この一連の付随サービスが省かれて提供しない場合は，いわゆる小売店のセルフサービスである。

　ところが，スーパーやコンビニなどの小売業でも，店内で販売される商品を遠隔地から購入して店舗の立地場所に運んできたことはもとより，商品の小分け包装，値札付け，商品棚での陳列，商品基礎情報をパッケージに表示するなどは物的商品に付随されるサービスである。また，前述の立ち食い飲食店のようなサービス業事例を見ても，飲食店側は食材仕入や仕込み，食材から料理への加工，食器準備，料理の盛り付け，そして食器洗浄など，これらもメインの飲食サービスのほかに付随されるサービスでもある。

　要するに，セルフサービスとは，フルサービスの一部分が省かれたことに過ぎず，それは決して一種のサービスではない。物販業では，顧客側に提供しなければならない商品販売以外の付随サービスの省き，サービス業では，メインサービス以外の一部分を省いて，提供側の代わりに顧客自身がそれを行うことである。セルフサービスは，商品購入やサービス提供を他人にしてもらわず自分自身で済ませることで，商品として単独に成り立つサービスではない。

３．モノとサービス認知に関する経済学原理と主張

　経済学は，人間の行動や行為を，主として人間が狙っている利得や利益または利潤の獲得を目的とする経済活動と見なしている。いわゆる合理性ばっかり追求する経済人[18]的な考え方のように，人間の一挙手一投足まですべて経済的利得のために動いているという。こうした人間の経済活動がもたらした結果はモノの物的商品や交換媒体である貨幣などの価値ある「財貨」あるいは「富」と定義される。経済学の立場では，財貨または財には，大きく物質的と非物質的の２種類に分けられるが，物質的財は人間の生活に必須の基礎的ものだと考え，非物質的財とは，「サービス」と称される。

１）経済学的２元論原理

　経済学始祖アダムスミス（Adam Smith）の『国富論』の基本理念を受け継ぎ発展してきた近代経済学が誕生して以来，生産物であるモノの物的商品の交換や取引など人間の経済活動は自由経済または市場経済のもとで行われるというのが今日に至った社会的経済構造の前提となる。自由経済のもとでは，組織など法人以外の個々の個人は法人に対して，独立的自然人である[19]。また，法人と同様に，個人は他人や組織に対しては独立する人格が保障され，同時に自分のモノに対する直接で自由に支配できる権限も保障される。こうした自分が自由に支配できるモノに対する権限は所有と言う。

　所有権の帰属に当てはまる対象には，主として動物や植物及び様々な製品や商品のような形体あるモノである。こうした形体ある共通点が故にすべて「有形財」と称される。そして，有形財の交換や取引，消費を促進するのは「無形財」でサービスと言う。経済学では，こうしてすべての「財」を有形のモノと無形のサービスを２元的に分ける。

　有形財とは，文字通り，外形・色彩・サイズなど目に見えやすく手で触れられる要素[20]が多く，我々の日常生活のあらゆる場面でもそれぞれの役目があ

る多種多様な物品や品物というモノである。工業化社会では，ほとんどはモノ
である製品あるいは商品が消費者の注目の的であった。

　前述の「豊かな社会」の前提ともなっているが，ある企業や組織内に確立さ
れた 1 人の人間の社会的地位やステータスは生活の豊かさと連動する。人々の
生活の豊かさを判断する基準も，個人が所有する有形財の多さ，つまり，それ
らの数量や種類，価値や価格によって決められる。工業化社会では，ある地域
や一国における各産業が新規に産出される価値の統計や計算，消費者が生活水
準の向上や生活充足感，そして生涯にわたって生活に役立つ物的商品なども形
体ある物財に依存していた。

　当然のように，GDP や GNP[21] の産出物統計に基づいた経済指標も脱工業化
社会または経済サービス化社会以前の経済成長を表すもので，製造業と建築業
を中心とする第二次産業の諸分野や諸産業における各種企業が新規に生産した
有形財の産出物が主役である。

　経済学では，サービス[22] 商品と物的商品との違いは単純に形体の有無に
よって二分される。また，サービスの生産・提供・消費ではサービス商品の無
形性質はサービス企業にとっての大きなデメリットでもある。それを克服する
ためには，サービス商品の可視化[23] が，理論研究でもサービス企業の業務展
開でもあらゆる試みが行われている。

2）モノとサービスの 1 元論的主張

　ところが，2 節で検討した「アフターサービス」のように，今の時代では，
多くの消費者の日常生活において物質的充足はかなりのレベルまで満たされて
いる。特に G7 のような経済成長は高度なレベルまでに達し，消費者の経済水
準も世界をリードしている。市場では，耐久消費財に対して，限定される数種
類の大型商品を集中的に購入する消費者行動[24] は再び現れる可能性がゼロに
近いほどないのであろう。

　特に，高価で耐久消費財のような物的商品を購入する前の消費者が最も気に
なるのが，購入後想定される品質問題や想定外事態が発生する際に商品の修理

や保全などのアフターサービスはどうなるのかである。こうした不安を払拭し安心して物的商品を購入するには，複数のメーカーやブランドを真剣に比較してから買うか買わないかを決める。付随サービスが付いてない物的商品の売れ行きが悪くなるのも今の常識である。モノづくり業界にも物販業にも，アフターサービスの種類と中身が物的商品の販売や消費に直結する事例が多くなってくるのも現実である。

　経済学的モノとサービスの２元論的主張は経済社会のさらなる進化，そして経済サービス化のさらなる進展などの経済実態や消費生活にそぐわない問題点がある。そこで，モノとサービスの１元論的主張が唱えられた。１元論的主張の理由として２つが挙げられる[25]。

　１つ目は，外形の有無でモノとサービスの分け方はマーケティング戦略管理の類型とうまく一致することができない。例えば，同じ物販業のスーパーと専門店の類似性を比較するよりも，セルフサービスの点で比較すると，スーパーはサービス業のファストフード店との類似性が大きい。もう１つは，現実問題として，これまで述べてきたように，物販業が取扱う物的商品にもサービス業が提供するサービス商品にもいずれ物的要素と非物的要素が混在する現実を見れば，モノとサービスを分別して取扱うのは企業の業務管理においては非現実的である。

４．サービスの定義に関して

　ある種の事象を明確に定めるために，その事象の内容や範囲を定めることは定義と言うが，定義するには一定の前提条件が必要とする。サービス定義に関する異なる研究については，第７章で日米欧学者の代表的理論研究を分析する際に，サービスやサービスマーケティング研究の流れにおいて改めて議論するが，ここでは，本書でのサービス定義について考えてみる。個人の学術研究による定義論は多くあるが，学会組織としてサービスを定義するのは恐らく世界的にも唯一で，それは，1960 年にアメリカマーケティング協会（AMA）定義

　「サービスとは，販売のため，あるいは商品の販売につながるように提供される活動，便益あるいは満足である。」

　Services are "activities, benefits or satisfactions which are offered for sale, or are provided in connection with the sale of goods."

図2−1　AMA の 1960 年の定義

委員会が公表した公式的見解である（図2−1）。

　以上の定義を見ると，いかにも商業主義的ではあると読み取られ，それに，物的商品を中心に意識していると見られる。

　本書は，これまでサービスに対する欧米的認識と日本的認識を検討し，また，経済学的2元論とマーケティング戦略による1元論も分析した。これらを集約して，サービスの成立には以下のような条件が必要だと考えられる。

(1) サービスは必ず係わりのある相手[26] があり，複数の当事者が互いに意識的または潜在意識的に各自の目標達成を目指すプロセスである。

(2) サービスとは，人間社会で人間の間の何気ない行為または目的ある行動などの相互的作用と反作用のような関係である。

(3) サービスの無形性が強調され，また，無形の性質を克服するため，可視化を理論的に研究され，可視化を実現する企業努力も行われている。

(4) サービスは決して無形要素だけで構成されることではなく，有形の物的要素がなければ，サービスの生産・提供・消費は不可能である。

(5) サービスは，人間同士の間の物質的要素よりも情緒的・心理的需要を優先とする交換または取引関係である。

(6) サービスは「奉仕」や「援助」，他人に「尽くす」などの行為もあり，決して金銭的交換や取引に限らず，非営利的行為や行動も含まれる。

(7) サービスの生産・提供・消費を完遂するには，提供側と受入側が互いに相手をパートナーと意識し，パートナーシップ的関係が必要とする。

以上の要素と条件を総合して，本書は次のサービス定義を提案する[27]。

　サービスは，物的要素と非物的要素が組み合わさった一連の可視化されにくい人間的行為である。サービスとは，提供側と受入側の間の一定の時間的プロセスを経て，両者の情緒的・精神的ニーズの満足を優先とする意識的または潜在意識的相互作用である。

　なお，本書が検討し議論するサービスの行為または行動は人間同士間の関係に限るものとする。人間とペットやその他動物・植物，そして人間と自然環境などの関係もサービス的性質があると言う考え方もあるかもしれないが，ここでは，こういった議論を割愛する。

【注】

1）アメリカ経済学者 J. K. ガルブレイス（Galbraith, John Kenneth）が『アメリカ資本主義』（1952）という著書で提唱した経済社会に存在する経済権力に対抗して，それを相殺する権力である。

2）Concise Oxford Dictionary（Clarendon Press, Oxford）では，サービスに関する解釈では，名詞としては，本節または本書で取り上げられる内容も含めて 15 項目がある。また，動詞として機能するサービスの解釈も 4 項目がある。因みに，日常に球技などによく使用される「サービス」も同じ語源から派生された意義の 1 つで，相手に対してプレイに必要な球を「供給」することである。これも提供する側の個人や企業と受入側の顧客（個人や企業）との間で供給されるサービスに共通する部分がある。

3）サービスには，政府や地方自治体及び公社・公団など政府や自治体の関係機関が提供する公共サービスがある。このような公共サービスは一般営利企業が利益目的達成のために提供するサービスとは異なり，非営利サービスである。さらに，利益追求しない点では，広義的に，NPO や NGO などの公益団体が提供するのも公共サービスである。

4) William R. Trumble and Angus Stevenson (eds.), *Shorter Oxford English Dictionary*, 5th ed. Oxford, UK: Oxford University Press, 2002: 2768.

5) Christopher Lovelock and Jochen Wirtz (2007) *Services Marketing* 6th edition; Pearson Education Inc., 白井義男監修／武田玲子訳 (2008)『サービスマーケティング』, 15 頁。

6) クリスチャン・グルンロース (Grönroos, Christian) は, 北欧学派 (Nordic school) 代表的学者で, フィンランドヘルシンキ Hanken School of Economics 教授である。専門は, サービスマーケティング, リレーションシップマーケティングである。

7) 歴史的には, 文化において互いに多大な影響をし合った日本と中国は西半球に対して同じ地球の東半球に位置する。中国語や中国文化における「サービス」に関する研究と議論もあるはずが, 本書は, 議論を広げないように言及しないことにする。

8) 英語 Service の訳文は, 従来, 原文の発音をより如実に反映するため, 特に学者の間には「サーヴィス」と表記していたことが多い。1991 (平成 3) 年 6 月 28 日に, 海部内閣は各行政機関や社会一般に対して, 内閣訓令第 1 号及び第 2 号で『外来語表記』の条例を公表・実施し, 「ヴィ」を「ビ」に改訂するなどを含めて外来語の表記標準を統一した。現在は, 一般的に「サービス」と表記されるので, 本書も統一して「サービス」と表記する。

9) 今日, サービスに関しては, 代表的辞書による解釈について, 『広辞苑』と『大辞林』はそれぞれ次のような記述がある。『広辞苑』では, 主として① 奉仕。② 給仕。③ 物質的生産過程以外で機能する労働, 用役, 用務, という 3 つが挙げられる。『大辞林』では, ① 相手のために気を配って尽くすこと。② 品物を売るとき, 値引きをしたり, 景品をつけたりして, 客の便宜を図ること。③ サーブ に同じ。④ 〖経〗物質的財貨を生産する労働以外の労働。具体的には運輸・通信・教育などにかかわる労働で, 第三次産業に属する。用役。役務。

なお, 最初に「サービス」という表現をアメリカから導入し使用したのは 1909 年から 1968 年までに営業していた大手輸入車ディーラー日本自動車会社社長の石沢愛三だという言い伝えがある。

10) 「親方子方」は, 古くは「丁稚 (でっち)」制度とも称される。いわゆる職人や商人, または芸能関係が中心とする親方と徒弟の関係は江戸時代では「奉仕」と言い, 徒弟衆は「奉公人」とも言う。もちろん, 「奉公」は, 主家に対する従属のほか, 国家や朝廷, あるいは大名や領主に対する義務を果たすことにもなる。このような伝統的な家族企業の経営形態はその後日本企業の家族的経営や「日本的経営」モデルと称される三大支柱の 1 つである「終身雇用」につながっていた。野田信夫著 (1988)『日本近代経営史―その史的分析』産業能率大学出版部, 35-40 頁。

なお，このような「奉仕」制度は今日の人権問題や働き改革などに関しては，本書で議論するのは本書のテーマと異なる筋であるので，ここでは言及するつもりはない。

11)「暖簾分け」は長年忠実に親方に奉仕していた奉公人に対し，独立させると同時に親方の屋号の使用や開業資金援助，商品貸与や客の紹介なども伴う。これは親方が独立した徒弟へのサービスとして理解される。

12) 町人は，江戸時代に都市に居住して商売を行う商人を指す。商人は商売の成立で利益を獲得するために，一般にそれぞれ利用できる情報や人脈などを活用する交渉力があると思われる。遠くは，18 世紀後半の日本の開国，近くは，1980 年代の日米貿易摩擦交渉などで，商人のようなしたたかな交渉術が外国に町人国家と言われることがあった。

13) 物的商品では，一般に「需要」と「供給」のコンセプトを用いるが，本書はサービス「供給」ではなく，「提供」という表現を用いることにした。これもサービスに対し，英語では，経済学的 supply を使用せず，よりビジネス実務的な delivery を使用したことに依拠するものである。

14) 厳密に言うと，日本の割戻しや歩戻しの仕組みは欧米のリベートとは異なる。欧米では，売買や取引は基本的に商品を買い取る方式で，多くの場合は一回の取引ごとにリベートが発生する。これに対し，日本では，伝統的にはバブル経済崩壊するまでに百貨店などの大型小売業に見られる「返品制」のもととなる商品の委託販売が主流とも言える。このために，商品代金の決済も約束の期日で後払いとなるため，代金を支払う際ではなく，日本的に一定期間を通してのリベートが行われることになる。藤田貞一郎・宮本又郎・長谷川彰著（1978）『日本商業史』有斐閣新書，111-118 頁参照。

15) 企業は可能であれば，製品を購入する既存顧客に生涯にわたって繰り返し自社の製品を購入してもらう意欲がある。生涯価値とは，顧客が生涯にわたってその企業から購入した製品の総額からその顧客との関係維持するために掛かった経費を差し引いた金額を指す。サービス業では，顧客の繰り返し来店利用は自社や自店の経営維持に欠かせない手法でもあり，顧客の購入・利用額が拡大すればするほど企業経営にもたらす利益が多くなるからである。

16) 浅井慶三郎著（2003）『サービスとマーケティング』（増補版）同文館，27 頁。

17) 最初のスーパーマーケットの誕生は，アメリカのジョン・ハートフォート（John Hartford）が 1930 年代に創業した食品チェーンストア A&P とされるが，最初にセルフサービス方式を導入したのは，アメリカのクラレンス・サンダース（Clarence Saunders）が 1916 年に，テネシー州メンフィス市にて開店した「ピグリーウィグリー」（Piggly-Wiggly）であった。詳細は，中原龍輝・遠藤誠二著（2005）「スーパーマーケット業界における先駆者たちの盛衰に見た米国小売業の起業家戦略」，『富士常葉大学研究

紀要』，第5号，23-52頁を参照。

18) 経済人（homo economicus）とは，個人の行動はもっぱら経済的合理性のみに基づいていると想定する人間像である。しかし，本章2節で検討したように，サービスに関する考え方で，日本ではご好意や思いやり，欧米では慈善やボランティアなどの非金銭的・非営利的人間及び組織の行動も多くあるので，経済学的視点や分析方法には人間性や人間同士の助け合いという事実を見落としたような限界がある。

19) 「自然人」としての「個人」は組織される「法人」とは法律的には対等する人格があるのはもとより，市場での売買や取引なども平等な人格がある。個人にしても法人にしても，また，公的であっても私的であっても，自由経済の市場構造では，自身以外の外部に存在するモノなどの財に対する所有権を有し得る主体という点では，対等的な人間関係の一種である。

20) 経済学では，すべての財に対しては，基本的に「見える」（tangible）と「見えない」（intangible）の2つの認識しか持っていない。製品や商品などは有形財であり，目に見える外形やサイズ，デザインや色彩などがある。商品に関する特許や意匠・ノウハウ，商品名や商標あるいはブランドなどは抽象的無形財とされる。そして，商品の返品や交換，修理や保全などのアフターサービスも見えないから抽象的無形財とされる。ところが，こうした要素には商標などの図案や記号，アフターサービスを担当する係員の態度や言動などは実に顧客の目の前にあって，見えるが見落とされやすい。このために，本書は経済学の見えるという表現を「見えやすい」とし，見えないという表現は「見えにくい」と言う。

21) GNPとは国内総生産のGDP（Gross Domestic Product）に対して，国民総生産（Gross National Product）である。ある一定期間にある国民全体によって新しく生産された財（商品）やサービスの付加価値の総計で，海外からの所得の純受取を加えるものある。日本では，1993年から代表的経済指標として国内総生産（GDP）が使われるようになり，次第に注目されなくなった。さらに，2000年には国民経済計算の体系変更により国民総生産という概念自体が消滅した。ただ新体系にはほぼ同一の概念としてGNPベースで輸出入価格の変化も反映する国民総所得（GNI = Gross National Income）がある。

22) 本書は，一概に経済学的有形財と無形財の2元論認識に賛成する立場ではない。この点は，第3章4節で議論するように，商品とサービスは決して切り離されるものではなく，1つのサービスには目に見えないまたは目に見えにくい要素のほか，形体ある物的要素も欠けてはならない。

23) サービスの可視化は主にサービスの広告のために必要だというが，サービス商品の生産と消費に係わる立地，施設，機材その他の物的手段である物的要素も可視化になってい

る。詳細は，浅井慶三郎著（1989）『サービスのマーケティング管理』同文館，193-195
頁を参照。

24）日本の事例を見ると，経済高度成長期では，大幅かつ持続的経済成長の恩恵を受けた消
費者の収入拡大を背景に，国民生活の「三種の神器」と呼ばれるほど大型耐久消費財へ
の集中的購入行動は経済高成長の達成と持続を可能にした。その後「3C」と呼ばれる新
三種の神器も日本経済を支えていた。ところが，バブル経済がはじけてから 30 年にな
ろうとする昨今では，こうした物的商品の集中販売に支えられる経済成長は二度と見ら
れることがなくなった。経済サービス化時代の今日では，消費者ニーズ多様化のほか，
消費支出にはモノよりもサービスへの支出が持続的に拡大しているからである。

25）浅井慶三郎著（2003）『サービスとマーケティング』（増補版）同文館，18 頁。

26）つまり，サービスが成り立つ基本条件としては提供側と受入側の同時存在が必要とす
る。これは「一対の相互作用」とも称される（浅井慶三郎著（2003）『サービスとマー
ケティング』同文館，26 頁）。

27）ここで，定義に関する限界について言及しなければならない。本章の 1 節と 2 節でサー
ビスに関する欧米的及び日本的認識や価値観を検討してきたが，決して，それはグロー
バル的に検討されたとは言い切れない。これまで，日米欧は世界の他の諸国に対して経
済的も文化的も強い影響力を発揮してきたが，G7 の影響力低下のごとき，G20 のような
世界の新興経済やその他の国家や民族，地域におけるサービスに対する認識や価値観も
検討すべきだが，参考文献の制限と著者の能力の限りもあり，ここでは，日米欧の認識
論をもとにサービスに関する定義を試みた。

─────────── 第**3**章 ───────────

サービス商品と物的商品の相違と相関

　サービスは人間関係の相互作用によって成り立っているのは前章で検討した。工業化社会では，サービスはあくまでも物的商品に付随され，脇役的存在に過ぎず，サービスは商品であるという認識も薄かった。社会経済における広義のサービス業（第三次産業）の規模拡大を背景に経済サービス化社会の到来は，サービスはやがて商品として認知された。にもかかわらず，社会的には，製造業などのモノづくり産業[1]そして物的商品に対する格別な感覚は経済サービス化が高度情報化社会に入って久しい今日までも続いている。

1．モノづくり・物的商品を重視する経済社会

　経済サービス化はさらに高度化して今や情報化社会もかなり高いレベルまで進んでいる[2]。しかし，人々の記憶には，産業革命から2世紀も続いていた工業化社会時代の記憶があまりにも深く，また，日常生活では，人々は精神的・情緒的欲求を満たせるサービスを求めながらも，物的商品を多く揃えようとするのが条件反射的に身についている。つまり，経済サービス化，高度情報化社会の今日でも，一般消費者は習慣的に物的商品を自分の生活もしくは生涯にとっては必需で優先に購入する意識は未だに根強いというのが現実である。

　こうして，生活では人々が物的商品を優先に求めようとする意識に支えられ，モノづくり産業も当然別格扱いになっている。ところが，生涯にわたっては，サービスへの追求がモノよりも大切にする。第2章で述べたように，日本では，古くから一人前の職人になるまで自我をなくすまで職人の親方及びその家族に対して尽くすような「奉仕」を徹底するという強い思いを抱いて，「職

人技」を手にしようとする夢を追い続ける伝統がある。注意すべきは、「奉仕」や「奉公」という長い年月にわたる技能の伝授が徒弟衆に対する親方のサービスでもある。徒弟衆が親方そしてその家族に対して捧げる身の回りの世話というサービスは親方から伝授された技能的サービスの見返りと言える。

　1人の人間は生まれてから亡くなるまで一生涯にわたって、ありとあらゆる物的商品を必要とする。このために、20世紀半ばごろまで、産業全体や多くの企業の業務活動、そして消費者の日常生活でも物的商品の製造・流通・販売・消費が中心的存在であった[3]。したがって、社会や経済実態を背景に理論研究する学者の多くも物的商品の有形財にしか注目していなかった傾向がある。

1）有形財のモノづくりと物的商品の分類

　本書は、物的商品に対し、サービスをサービス商品と称して議論を展開している。物的商品はサービス商品とは切り離せないが、日常生活では、人々は生活に役立つものまたは生活の豊かさを表せるものとして真っ先に思いつくのが恐らく物的商品である。このためにも、物的商品を見てみる必要がある。

　経済学に基づいた商品分類では、生産物あるいは財は形体の有無で区分し、

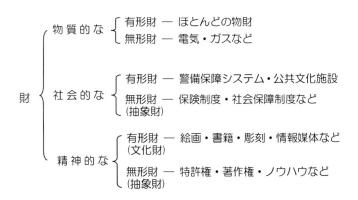

図3－1　経済学による有形財と無形財の区分

出所：高島善哉著『時代に挑む社会科学―なぜ市民制社会化―』岩波書店，92頁。

有形財と無形財に二分化するのは一般的である。こうした分類基準は，消費実態あるいは消費者行動を分析するためではない。経済学的分類はあくまでも政府部門の経済データの集計や産業実態を統計するためなのである。

　サービス商品は経済学分類で無形財とされるのは，有形財に対して，外形やサイズ，デザインや色彩など人間の目で商品の形体が確認できない[4]からである。経済学では，人間の視覚に映るか否かによって生産物である財（製品や商品，サービスなど）が有形財と無形財に区分される。

　有形財は，図 1 − 3 のようにさらに三分類される。それらは，① ほとんどの物財と言われる物質的な財，② 警備保障システムや公共文化施設などの社会的な財，③ 絵画・書籍・彫刻・情報媒体などの精神的な財である。対して，無形財とされるサービスも，また物財と同様に物質的な財・社会的な財・精神的な財の 3 つに分けられるが，サービスはあくまで同じ分類の有形財に付随され，形体ある物質財を通じて人間の欲望充足のための促進的要素だとされる[5]。

　一方，マーケティングでは，外形有無よりも，消費者購買行動パターン分析に基づいて商品を分類する。それはコープランド（Copeland, Melvin T.）が提唱した「最寄り品」「買回り品」「専門品」の商品 3 分類[6]である。この分類はほぼ 1 世紀前の 1924 年に提唱されたが，マーケティングでは今日でも実用されている。なお，当初この商品分類は，商業や流通における消費者の購買行動を意識しながら仕入れや販売戦略の企画と実施に役立とうとしたが，今はむしろメーカー中心に活用されるマーケティング戦略である[7]。

　しかし，経済学の商品分類と同様に，コープランドの商品分類にもサービス商品に適用できないという限界がある。20 世紀前半では，メーカーの大量生産体制がやっと確立して物的商品の大量産出が可能になった。そして，物財の大量生産は消費者行動を刺激し，大量購入と大量消費を引き起こした。このために，コープランドの分類事例として取り上げられていた商品のいずれも経済学の言う形体のある物的商品に限っている。

　食料品や日常必需品が「最寄り品」，服や家具などが「買回り品」，時計やカ

メラなどが「専門品」のような分類事例を見ると，当時のアメリカではすでに頭角を現していたサービス商品に対しては触れなかった。例えば，エジソンの白熱電球発明を背景に普及し始めた電気供給サービス，ベルの電話発明で普及しつつある通信サービス，さらには，シアズロバック（Sears, Roebuck and Company）の世界初の通信販売サービスなどに関しては検討しなかった。

　時代的に，物的商品を目当てに集中していた購買行動には，多くのサービス商品も提供されていたが注目されなかった。それは物的商品優先という時の消費トレンドの陰に遮られてしまったのであろう。

　1962 年に，カリフォルニア大学のバックリン（Bucklin, Louis P.）がコープランドの商品 3 分類の修正として，消費者購買行動には，商品の買い回りだけではなく，商品購入で訪れる小売店舗も買い回りするかしないかのように購買行動が変わる傾向があると指摘した[8]。しかし，コープランドの分類もバックリンの分類も，いずれサービスを商品として取り扱わなかった。

　商品学での商品分類ではサービス商品を分類に入れた。経済学の有形財・無形財のコンセプトを取り入れた上，さらに，有形財を「可動財」と「不動財」に細分し，無形財を「擬法財」「慣習財」，そして「サービス」に三分類した。ところが，商品学の「サービス」分類に挙げられる事例は，設計・技術指導・観光などに限られる。日常生活に最も多く出会う飲食サービスなどはもとより，医療や教育，クリーニング，レンタルなど手軽く利用できる典型的サービス商品についても言及しなかった[9]。

2）有形財消費促進のためのサービス

　経済学に基づいたサービスに関する諸説[10]があるが，サービスとは，モノである物的商品の消費に促進的働きに機能するような存在に過ぎないという点においてはほぼ異論がない。

　また，サービスに関する経済学的研究も多く，それぞれのユニークな研究者や研究成果も多数あるが，サービスに関する定義解釈は有形財を生産しない人間活動のため，サービスそのものは財であるかどうかは別にしても無形的（行

動や行為）であるという点では，近代経済学と対立しているマルクス経済学で
も驚くほど共通している [11]。

　無形財に関しては，前項で述べたが，経済学では，サービスは人間活動を認
めながらも，その機能は有形財の取引や交換そのもので，または有形財の使用
価値の実現に役立つ「有用的働き」または「作用」との認識も共有する [12]。

　そこで，疑問となるのは，図3-1に示されるどのサービスはどの財の消費
促進に役立つかどうかである。図3-1を見ると，「物質的な無形財」の「電
気」や「ガス」などのサービスがどの有形財の消費に促進するのかは定かでは
ない。もしかして，マクロ経済的には，電気があるために前述の「国民生活の
三種の神器」という物的商品の普及に役立ち，そして，消費需要が電気供給を
増したから皆が「三種の神器」の購買に集中して，各メーカーがこぞって家電
製品を大量に生産して，大量に販売され消費されたという論理かもしれない。

　ところが，こうした論理に対しての逆説も成立するのではないか。つまり，
国民に需要とする家電製品が発売され，それが人気となり，大量生産の可能性
が現実味を帯びてきた。このために，大量に生産され販売される家電製品によ
る電気への需要が急増するとの予想が立ち，発電事業に対する投資も急増し電
力産業の規模拡大が促された，この電力産業の拡大が電気設備の関連産業や企
業，家電関連産業や企業の増加を拍車した，という仮説も理に適うのであろう。

　要するに，電気供給が家電製品の大量生産・大量販売・大量消費を促進した
か，それとも家電製品の大量消費の可能性が予測されるから，大量生産と大量
販売が見込まれて，電気関連事業への投資が急増した結果電気関連や家電製品
の産業規模拡大とともに関連企業の新規参入の増加が拍車されたのか，という
因果関係についての解釈であろう。物的商品の消費がサービス要素に刺激され
拡大されたか，それとも，サービス商品の供給拡大で物的商品も連れて消費さ
れたかという両刀論法（dilemma）である。

　今日の日本では，第1章（表1-2）でも検討したように，広義のサービス産
業の産出高もサービス産業に従事する勤労者人数もいずれGDPの70％を超
え，多種多様な新規サービスは引き続き開発され提供されている。また，日増

しに新規需要や新規分野が創出される結果，GDP に占めるサービス産業の割合が拡大し続いており，我々の日常生活におけるサービス支出も増え続けている。言うまでもなく，サービスは決して物的商品に付随される役割しか果たせないのでなく，前述のように，かつての「モノ消費」重視の消費意識が今や「コト消費」の消費行動に取って代われ定着しつつある時代になっている。

２．サービス・サービス商品の核心となる顧客代行

　サービスは目に見えるモノではなく，物的商品の消費に役立つという考え方は未だに我々の消費意識に根強く残っている。つまり，サービスは商品に付随され物的商品の消費促進という促進的要素に過ぎず，単独に商品として交換や取引がなされないという認識であろう。本節では，サービスは一体どういったようなものなのか，そしてサービスはどのようにして単独に商品として人々の間に交換され取引として扱われるのかを見てみる。

１）顧客との関わりからなるサービス
　サービスに関する基礎条件には，第２章で述べたように，サービスは他人に対して提供するもので，サービス成立の条件は最小限にも提供側と受入側の両者が同じ場所に居ることである。
　前述の小売店での買い物事例でも，売り手の店舗側が買い手の顧客に商品を手渡すほかにも多くのサービスを提供する。サービスは他人に提供するための行動あるいは行為であるので，サービス商品の生産と提供は，提供側が生産できるかできないか以前にその場で生産されるサービス商品を受け入れる相手が居るか居ないかを先に問われる。
　まず，物的商品比重の高い外食産業のサービスを見てみる。イートインとテイクアウトにかかわらず，食材を使い厨房での調理，調理完了後の盛り付けから客席運びまで，あるいは容器入れから袋詰めして手渡す前に，メニューを見て注文を決めてくれる顧客の存在が必要である。つまり，サービス商品の生

産・提供・消費では，注文する顧客のほかに，顧客と係わってサービス商品を提供しようとする接客する従業員の両者の存在が必要である。

　病院や医者が提供する医療サービスの場合は，病院の知名度や診療代の高安，医者の医療知識の豊富さや医術が問われる前に，来院する患者の存在が必要不可欠である。病院で受診する患者が医療サービスの受入側で，医者が提供しようとする医療サービスを成立させるための前提条件でもある。

　要するに，サービスは有償か無償かにかかわらず，また，提供側と受入側が2人かそれ以上かにかかわらず，提供する側と係わりのある相手である他人の存在がサービス商品生産と提供の必須条件である。顧客と係わりのある相手が居てこそサービス商品の生産と提供の前提が備えられ，そして消費する側も確認ができ，サービス商品の生産・提供が可能になる。

2）顧客の代わりとしてのサービス商品

　経済サービス化社会に入ると，人々が求める需要はモノの充実からサービスへの追求と変化してきたのは第1章で述べた。サービスの提供は他人に代わってもらい自分の精神的・情緒的需要が満たされることである。

　人々の精神的あるいは情緒的需要は2つの側面から見ることができる。1つは，サービス商品の生産・提供プロセスへの自ら参加しようとする需要である。これは，料理教室や手芸教室・手作り工房では，達人や専門家の指導を受け，自から調理または自分の手で手芸作品を取り込み最後の仕上げによって得られる達成感を味わう需要である。もう1つは，代わってくれた人ができた成果を享受しようとする需要である。自分が全く生産や制作のプロセスに関わらず，出来上がった作品または他人が代わりにやってくれた生産や制作のプロセスを楽しみながら，最後の成果も受け入れるという他人に任せて何かを完成させようとすることによって得られる満足感である。

　例えば，料理の場合，料理教室に出向くことはしなく，料理研究家の創作料理試食会や鉄板焼きのような調理パフォーマンスを見ながら自分の注文した料理が出来立てで食事できるレストランの食事をとることなどがある。また，芸

術品の場合は，自分の注文した作品を特別に制作してもらい世界に1つだけの作品に仕上げてくれるかまたは目の前に自分と相談しながら要望を受けて制作してくれる工房などでの特注購入などがある。

　モノである物的商品を購入する場合と比べると，サービス商品を購入する場合は顧客としては特に精神的満足度に対して求める意欲が高い。物的商品を購入する際，消費者は主としてその商品の固有機能や用途などを求め，自分の生活をより多彩になれるような使い途や役目を求める。

　もちろん，物販業でもサービスを提供する。オートクチュールで特注する服や自動車購入時のオプション選択肢などは物販業が提供するサービスである。オプションは，商品としての追加購入で，服の特注は商品に組み込まれてないが，顧客の個別需要に対応して提供する物的商品の非物的要素も含まれる。

　一方，購入した商品のギフト包装やラッピング，それに大型商品の自宅までの配送なども，有料や無料にかかわらず，それらも，消費者に対する小売業が提供するサービスである。この場合は，これらの商品をスムーズに販売できるような付随されるサービスと見なすこともできる。

　消費者はスーパーやコンビニで何気なく食品や日用品を手に取りレジまで運びその場で支払うという典型的セルフサービスで商品を購入した場合でも，事実上すでに物販業が提供する多くのサービスを受け入れている。商品の流通経路を見ると，小売店は，消費者の代わりにメーカーや卸売業から商品を仕入れ店舗の倉庫まで運び，そして，1つずつ小売用に包装して価格を付け，最後に商品棚にきれいに陳列することなど，これらはすべて買い物で来店する消費者に対して提供されるサービスである。こうしたサービスはあくまで物的商品をスムーズに販売されるような非物的要素で，経済学の言う物的商品の販売促進に役立つものとも言えるのであろう。

3．企業活動における物的商品とサービス商品の相違

　サービス商品は物的商品との違いに関しては第6章でまた触れることにする

相違点	マーケティング的課題
在庫ができない	生産と消費は同時進行なので，柔軟に提供するのが必要
無形要素が価値	モノのような外形がないが，無形な要素こそ価値を生む
可視化が困難	目に見えにくい要素が多く，顧客への商品説明は不可欠
顧客との協同生産	生産と消費が同じ現場が必要なため，顧客の協力が必要
顧客経験が品質評価	顧客の評価は経験によるため，従業員採用・研修が大切
生産と品質が変動的	品質維持とコスト削減が背反なので，品質管理が重要
時間が重要な要素	顧客は時間に厳しいので，提供迅速化・時間延長が有効
ネットワークの影響	情報のオンライン提供は可能だが，サービス提供は現場

表３－１　サービスとモノの８つの相違点とマーケティング的課題

(注) Lovelock の著書内容を著者による整理・要約。
出所：Lovelock, Christopher & Wirtz, Johen（2008），*"Service Marketing"* 6ed. Pearson Education.　白井義男監修／武田玲子訳（2008）『ラブロック＆ウィルツのサービスマーケティング』ピアソン・エデュケーション，17-24 頁。

が，前述したサービスマーケティングの著名学者ラブロック（Lovelock, Christopher）とシンガポール大学のウィルツ（Wirtz, Johen）が共著した『サービスマーケティング』という著書では，表３－１のように，彼らの独自の視点からサービス商品と物的商品との違いを整理して表にまとめ，全部で８項目にも及んでいる。

　同書は，表３－１で示されるように，８項目もある物的商品とサービス商品の違いには，「時間が重要な要素」と「ネットワークの影響」との２点はこれまで多くの研究には指摘されてなかった。時間の要素についての議論は第７章に譲るが，ネットワークの影響については少し見てみる。

　同書の出版はすでに情報化社会がネットワーク化に高度化され，表３－１に示された「ネットワークの影響」という点は他の早期研究者の着目との違いが大きいと言える [13]。つまり，これは顧客間にも存在するネットワークによる情報交換要素が引き起せるサービス商品に関する連鎖的プラスあるいはマイナスの情報源効果に係わるものである。オンライン時代では，ネットワークとい

う情報化基盤の進化の結果，ついに多くのサービスがインターネットを通じての提供ができるようになっている（第7章3節を参照）。また，物的商品とサービス商品との関係はさらに密接になる。次では，表3－1では触れていなかった物的商品とサービス商品のもう1つ大きな違いについて見てみる。

1）取引による所有権の移転ができる物的商品

　我々は日常生活では，スーパーやコンビニまたはその他の小売店で物的商品を購入する際に代金を支払う。その商品は高価であろう安価であろう，商品の代金を払うと商品の所有権は店舗から移転される。いわゆる流通機能の1つで，商品代金の支払いは商取引を終了させ商品所有権が移転することである。

　ところが，同じ物的商品ではあるが，代金を支払っても商品の所有権が移転することはないこともある。例えば，CDやDVDのレンタルの場合，同じCDやDVDを何回も借りて，レンタル料が合計で借りたCDやDVDの販売価格を超えたとしても，そのCDあるいはDVDを入手することつまり所有権の移転はしない。また，レンタカーを繰り返し借りて代金支払い総額は借りた車の販売価格を超えたとしても車が自分のものになることはできない。なぜならば，それらは，物的商品を販売または購入するのでなく，物的商品使用に充てったサービスしか提供しないからである。

2）所有権移転のできないサービス商品

　前項で触れたが，いわゆるサービス商品の提供と受け入れは金銭的代価が発生しても所有権の移転はない。以上の分析でも経済学的考え方としてサービスは物的商品の販売促進要素だとの認識は偏っていることが分かる。

　以上の事例は，物的商品の使用権として提供されるサービスである。対しては，物的要素は最小限にしても提供できるサービスも多くある。例えば，歌手や舞台演出の場合は物的要素を使わずにサービスの提供もできる。もちろん，歌手はコンサートホールで演出すると，物的要素を多く使うが，野外コンサートになると，必要最小限の楽器に絞ることになる。さらに，アカペラの場合は

楽器も省略してしまう。にもかかわらず，アカペラを鑑賞するには入場券の支払いなど提供されるサービス商品の代金を払う必要がある。しかし，コンサートの鑑賞やアカペラを楽しむのも，それが何回の繰り返しがあったとしても歌手や舞台演出に必要な芸術という能力の所有権の移転はできない。

　要するに，サービス商品はその提供形態や提供方法にかかわらず，野外で鑑賞するか室内で楽しむか，金銭的支払いの有無にかかわらず，所有権の移転がないまたはできないのである。

4．物的商品とサービスの不可分関係

　そもそも物的商品とサービス商品との切り離しが不可能だということを理解しているのであろうか。物的商品とは言ってもすべてが同じものでもなければ，共通点と言えば，すべての物的商品には非物的要素がある。また，物的商品の種類の違いと同様に，付随されるサービスも必要に応じて変わり得る。

1）物的商品に付随するサービス

　物的商品には必ず非物的要素が付随されるとは言っても，サービスの種類や形態に異なるものがある。表3－2のように，物的商品が故に，所有権にかかわる非物的要素つまり付随サービスも付いている。

種　類	事例と提供時点
包　装	商品保護（持ち帰り・配送の損傷），付加価値向上（ラッピングなど）
配　送	販売後提供（長大重厚商品・設置据え置き必要な商品・ギフトなど）
改　修	販売時受付（服の裾上げ・寸法直し，商品一部改修，部品増加など）
修　理	販売後提供（無償保証期間，条件付き保証期間延長，有料修理など）
返　品	販売後提供（不良品交換，顧客意向返品返金，クーリングオフなど）
補　償	販売後提供（商品使用によるトラブル・損害などへの金銭的支払い）

表3－2　（所有権移転しない）物的商品に付随されるサービス

　例えば，商品購入後の交換または返品は消費者の権利とも言える付随される
サービスである。流通機能として商品が販売されまたは購入されると，商品の
所有権は売り手から買い手に移転されたはずである。しかし，商品に品質やそ
の他の問題があった場合は小売業の機能の1つで販売する商品の品質をチェッ
クしてそれを消費者に保証する責任[14]があるため，購入した顧客の要望通り
に改めて問題のない商品と交換することは必須の付随サービスである。もちろ
ん，購入した顧客は商品に問題があるから商品の購入を止め返品する権利もあ
る。その返品に応じることも小売業の付随サービスである。

　一方，表3－2に示されているように，より多くの付随サービスは所有権に
は係わらない。表で挙げられたように，物的商品の販売でも販売時点にかかわ
らず多数の付随サービスが事実上含まれている。

2）サービス商品に欠かせない物的要素

　物的商品から付随サービスが切り離せないもう1つ側面とは，サービス商品
に物的要素が必ず含まれることである。それは，物的商品に付随サービスが含
まれると共通するものである。

　例えば，前述したレストランでの食事の例では，レストランでは，言うまで
もなくまず物的要素としては店舗所在の建物または建物の中の1室が必要であ
る。また，顧客は料理人の腕を楽しもうとはするが，料理には食材や調味料な
ど物的要素が必要で，さらに調理にも道具などが欠かせない。料理教室の場合
も同じことである。同様に，手芸教室や手作り工房などの場合もいずれ物的要
素の存在が不可欠である。技芸習いの必須条件としてはその技芸の結果を表現
できる物的要素（舞台や照明・音響器具など）が伴わなければならない。

　こうした多くのサービス商品は提供対象によって分けてみることもできる。

①　対物サービス

　1人の人間には多くの所有物がある。物的商品である所有物は使用寿命があ
るのがもとより，使用すると，必ず状態が悪くなったり，また，所有するだけ

でも色あせや素材の変質など多くの不具合が生じる。そこで，これらの物的商品に対する状態維持や改善，修理や保全が所有する人間に対するよりも所有物の物的商品自体に対するサービス提供である。この種のサービス商品は物的商品の修理や保全のほか，表 3 - 2 に挙げられる商品の包装や配送，商品改修なども対物サービスである。そのほかに住宅修繕や自動車修理，庭整備や芝生の手入れ，さらにペットの美容や病気治療など [15] まで，いわゆる人間の所有物に対して提供するサービスも多くある。

②　対人サービス

これはサービス本来のあり方で，人間のために提供されるサービス商品である。人間の欲望や欲求に依拠する需要は果てしないため，対人サービスは個々の人間の需要によってはさらに次の四種類に分けてみることもできる。

（1）人体に対するサービス

これは個人の健康や身体状況維持など提供されるサービス商品である。典型事例には，病気回復や体の不具合解消などのための医療または治療サービス，人体の外見をより美しくさせるための散髪や美容・整形などのサービス，人体の内面をより健康に維持するためのスポーツジムや指圧などのサービス，また，高齢者や体の弱い人に対する付き添いや介護サービスなど多くある。

（2）精神的サービス

人間の脳は一般動物よりかなり発達しており，思惟があるため常に物事を考え，他人とコミュニケーションを交わし，他人の目線も気にする。このために，自分のことを他人の目に教養があり品格があるように見せるのも第 1 章 3 節で分析したマズローの人間欲求五段階説の「自尊的欲求」で表すものである。人間は個人の意思が無視されるほど幼少期より幼稚園から高校・大学までの学校教育を受ける [16]。また，学校教育を受けながら，多くの子供はさらに教養を高めるために多くの習い事もさせられている。

さらに，日本では，社会人になり会社勤めが始まっても，会社の勧めや社内自分の位置づけの確保または改善，さらには自分磨き，自分探しなどの名分で

多くの人が生涯学習や趣味のための習い事や夜間・休日で開講される講座や大学講義の聴講（または，通信教育）などでさらなる教育を受けることも多い。

（3）情緒的サービス

気まぐれという言葉があるように，人間は情緒に多彩な態様がある。人によって現れる程度に違いがあるが，情緒的サービスは人々の生きがいになることもある。クラシックコンサートやポップソングライブ，お笑いや漫才，寄席や狂言，等々，ありとあらゆる娯楽を楽しみながら人々が長い人生を過ごせるために決して欠けてはならないサービスである。

また，人々は祭りや集いへの飛び入り，遊園地やテーマパークなど非日常空間を楽しむなどが日ごろの疲労解消やリフレッシュができる情緒的需要を満たせることを求める。それに，各地への観光や旅行，史跡巡りなどは時には興奮させられ，時には深く考えさせられるなどができる。人々は自分の内面的感想や情緒などへの刺激を与えられるようなサービスを求める需要も少なくない。

（4）疑似体験サービス

人間は自分以外の他人の生活や仕事などに対しても好奇心を持っている。特に経済水準のさらなる向上，生活が豊かになると，ゆとりが生まれてきた人々は自分が経験していないことを知りたくなったり，かつて何らかの原因でやりたくてやれなかったことを試したくなる。近年では，これまでは経験されたことなくまたは自分の日常では経験できないことを疑似体験してみることは特に人気を呼んでいる。

前述の料理教室や手作り工房のほか，小学生の時に一度ぐらいは経験したかもしれない農作物の栽培や収穫などの満足を求めレンタル菜園または契約制農園を通じて実現しようとする。また，地域によると，深海魚捕獲や果物収穫・加工などを体験できるサービスの提供とその体験を求める需要も多くある。さらには，消防士体験や自衛隊一日入隊体験など，新企画があるたびに新たな人気を呼ぶことになる。

③　対人・対物サービス

　保険というのは，損害保険のような対物サービスか，生命保険のような対人サービスは別々になっているのではないかと思われる。ところが，人々は前述の情緒的満足を得るために遠出するような国内観光や国外旅行の場合は，旅行中の生活おしゃれなどのための貴重品や必需品，旅行を記憶するためのカメラやビデオカメラなどの携行は一般的である。また，会社の出張や国際会議への出席などには高価の通信機器やパソコンなど電子機械も携帯する。このために，旅行中の保険は対人と対物の両方を掛けられている。対人の場合は健康被害や病気治療，傷害や人命までの保険サービスが提供される。それと同時に，対物サービスとして携行品の損害や紛失などの保険も提供する。

　そのほかに，行政の統計では，対個人サービスや対事業所サービスなどもある。ところが，その区別もかなり難しいと言わざるを得ない。このため，本書は深く議論することはしない。例えば，同じ電気が自宅で使用すると「対個人サービス」と分類されるが，国内企業の90％以上も占める中小企業では，自宅兼事務所になる場合が多く，この場合は対個人サービスか対事業所サービスか，との分類ははっきりとできないのであろう。

3）物的商品とサービス商品の関係分析

　これまでの分析をまとめると，図3−1のように，物的商品とサービス商品との関係を表すことができる。図の説明は次のようになる。

　まずは，図のAは，前述もあるが，物的商品とサービス商品のいずれも物的要素と非物的要素によって構成される。それらは，物的商品であるかサービス商品であるかについては，消費者の購買行動における最も重視する構成要素つまり「核心」的価値に対する意識の判断によって決められる。

　例えば，総菜や弁当を購入し自宅で食事をするつまりテイクアウトの場合は，消費者は「核心」的価値として購入した商品を物的商品と意識する。しかし，総菜や弁当と同じ内容品でレストランのメニューとして注文しその場で食事するつまりイートインの場合は，当然ながらそれは飲食サービスを受けるこ

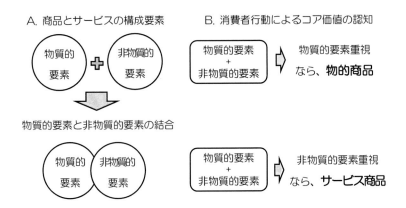

A. 商品とサービスの構成要素

物質的要素 ＋ 非物質的要素

物質的要素と非物質的要素の結合

物質的要素　非物質的要素

B. 消費者行動によるコア価値の認知

物質的要素 ＋ 非物質的要素 ⇒ 物質的要素重視なら、**物的商品**

物質的要素 ＋ 非物質的要素 ⇒ 非物質的要素重視なら、**サービス商品**

図3－1　物財商品とサービス商品との関係

とになる。一方で，レストランが提供するテイクアウトメニューで注文し料理そのものを持ち帰ると，店内で食した内容品とは同様であっても，顧客は物的商品として購入している。

　また，スマートフォンなどの携帯電話や携帯端末の場合も物的商品の購入とサービス商品の購入との異なる「核心」的価値の意識によって分けることができる。例えば，タブレットなどの端末を購入したが，インターネットサービスや通信サービスの契約を結ばなければ，それは単なる物的商品の購入である。一方で，高価な端末を購入しながらも格安通信サービスの契約に加入すれば，それが通信サービスを利用できるための物的要素としての購入である。つまり，高価な物的要素を買ったとしても，それはあくまで通信サービスを可能にするための道具であり，サービス商品の購入に必要な物的要素に過ぎない。

　したがって，図3－1のAの場合は，コープランドが提案する消費者の購買行動による商品分類と同様なコンセプトに基づくものではあるが，消費者は購入する物的商品を自分の所有物だけに入手しようとすれば，それは物的商品の購入となる。もしも，購入する商品をサービスの受け入れのツールに使用すれば，その購入行動全体としてはサービス商品の受け入れになる。もちろん，Aの場合は，付随されるサービスがあり，Bの場合は，ツールとして物的商品

を所有することにも含まれている。

【注】

1）有形財の物を生産することは「ものづくり」とも言われる。しかし，「ものづくり」と言うと，物的商品にも含まれる非物的要素が軽視される。本書では，「ものづくり」と記さず「モノづくり」と表示するのは物的商品の生産や製造には，第2章でも検討した物的流通や販売のようなサービス，また物的商品の消費に必要とするサービスが付随されるからである。

2）情報化社会のさらなる進展で，仮想通貨やキャッシュレスなどのサービスも急速に普及しつつある。このようなインターネット利用のサービスについては第8章で詳細な議論を行う予定である。

3）物的商品を優先にするがサービスへの追求も欠かせないという人間欲求の両面性についての理論的説明として，第1章3節で検討したマズローの「生理的欲求」「安全の欲求」「社会的欲求」「承認の欲求」「自己実現の欲求」という人間欲求の五段階説が挙げられる。つまり，「生理的欲求」と「安全の欲求」の構成はモノである物的商品が中心で，その後の3つの段階は精神的・情緒的な欲求が主要の要素になっている。

4）経済学的有形財と無形財の認識については，特に第2章での議論，また本章後述のサービス事例分析のように，1つのサービスを構成する諸要素には決してすべて目に見えないまたは目に見えにくいものに限らず，サービスには物的要素も含まれている。

5）経済学によるサービスの定義と特性に関する記述は多いが，一例を挙げると，大阪市立大学経済研究所編（1965）『経済学辞典』「サービス」の項で下記のように記している。同辞典は，サービスを「物質的財貨を生産する労働過程以外で機能する労働を包括する概念」と定義した上，その特徴を次の4点に要約している。① 生産物を通じて人間の欲望を充足させる。② サービス労働は生産物に対象化されない。③ サービス労働は人間の生命の物質的再生産に直接寄与しない場合が多い。④ サービス労働は必ずしも生産手段を必要としない場合がある。詳細は，同辞典446-447頁を参照。

6）コープランドの商品3分類の事例に挙げたのは，最寄り品（convenience goods）はパンや食料品，それらは日常必需品などの有形財で，買回り品（shipping goods）は衣服や家具などの有形財，専門品（special goods）は時計やカメラ，宝飾品などのように，すべて形体のある財である。Copeland, Melvin T.（1924）, "Relation of Consumers' Buying Habits to Marketing Methods", *Harvard Business Review*, Vol. 1, No. 3, 282-289.

7 ）商業である卸売業・小売業では，一般に，商品（goods）・数量（quantity）・価格（price）・時期（time）・場所（place）のようなマーチャンダイジング5R（right）を中心にマーケティング戦略の企画・戦術の実施が行われる。

8 ）Bucklin, Louis P. (1962), "Retail Strategy and the Classification of Consumer Goods", *Journal of Marketing,* Vol. 27, 50-55. バックリンは，コープランドの三分類における「最寄り品」と「専門品」に関する購買行動はともに，買い回り行動をしないため，「買回り品」に対して，「非買回り品」を提唱した。

9 ）商品学とは，より実践的視角から商品やサービスが生産者から消費者まで行き渡るプロセスについて，商学をもとに分析・研究する学問である。商品学による商品分類の1例として，中原龍輝著（2015）『商業・流通とマーケティング』創成社，図3 - 7, 72頁，が挙げられる。

10）サービスに関する経済学諸説には，少なくとも「無形財」説，「活動便益」説，「財貨の所有権移転以外の取引対象」説，「非財貨生産活動」説，「収入と交換される，活動状態の有用的労働」説および「ある使用価値の有用的働き・作用」説がある。詳細は長田浩著『サービス経済論体系―「サービス経済化」時代を考える―』新評論，1998年，25-30頁を参照。

11）サービスは有形財との違いについての代表的論述は，「サービスとは，一般に，物質的財貨を生産する労働過程以外で機能する労働を広く包括する概念である。」木村吾朗著『現代日本のサービス業』新評社，1981年，9頁。

12）同5 ）を参照。

13）ここで，説明する必要なのは，ラブロックとウィルツの著書の出版は10年も前であったが，当時でも情報化進展がかなり進んでおり，Windows 7 の発売やiPhone の市場投などでインターネットの情報ネットワークの整備は今日の土台がすでに築かれていた。

14）最終消費者に対して小売業には8つの機能がある。その第1の機能は，商品品質のチェック機能で，品質保証というのである。中原龍輝著（2019）『商業経営のマーケティング』創成社，152頁。

15）ペットは生き物で，人間と同様に動物に属されるが，ペットは特定の人間に飼われて保有するので，法律上では，その人の所有物として見なし，「もの」とされる。

16）補充説明しなければならないのは，小学校から中学校までの9年間の学校教育は「義務教育」と称されるように基本的に国の教育制度で決められる青少年の知識学習期間と言ってもよい。それに加え，多くの親は子供将来の人生を考え，自分の生活を切り詰めるまででも子供に大学に行かせることを強く進めている。ところが，これらは，子供自身の意思が無視される場合も少なくはないと推察できる。

────────── 第**4**章 ──────────

サービスの特性とサービス経営における人間関係

　本章はサービス業の経営を見てみる。サービス業経営はサービス商品の生産・提供側やサービス商品を受入れ消費する側の関係分析についても議論する。

　まずは，国内の産業分類基準そして第三次産業である広義のサービス産業の全体像を見てみる。表 4 − 1 は国内の基準で全産業を分類する第 13 回日本標準産業分類[1]である。

　日本標準産業分類はイギリス経済学者 C. G. クラーク（Clark, Colin G.）の産業三分類に基づくものである[2]。大分類 A と B は第一次産業とされ，大分類 C[3]，D，E は第二次産業と分類される。大分類 A 〜 E までの 5 つ以外，大分

A	農業，林業	K	不動産，物品賃貸業
B	漁業	L	学術研究，専門・技術サービス
C	鉱業，採石業，砂利採取業	M	宿泊業，飲食サービス
D	建設業	N	生活関連サービス業，娯楽業
E	製造業	O	教育，学習支援業
F	電気・ガス・熱供給・水道業	P	医療，福祉
G	情報通信業	Q	複合サービス業
H	運輸業，郵便業	R	サービス業（他に分類されないもの）
I	卸売業，小売業	S	公務（他に分類されるものを除く）
J	金融業，保険業	T	分類不能の産業

表 4 − 1　第 13 回日本標準産業分類大分類

（注）1．総務省「第 13 回日本標準産業分類」（平成 25）より作成。
　　　2．影のある部分は広義のサービス業である第三次産業。

類FからTまでは一般に第三次産業とされ，広義のサービス業とも称する。この15あるいは14の大分類[4]の生産高と従業者人数のいずれもGDPと労働力総数の70％を超えている。なお，従来の言う狭義のサービス業は大分類Rの「他に分類されないサービス」に限っていたが，今日では，大分類M，N，Qに属される産業も消費者の日常生活に必要な広義のサービス業になっている。

1．サービスの特性と提供の形態

第3章4節では，多くの事例を挙げ物的商品とサービス商品の関係を分析した。物的商品には多くの非物的要素が付随され，サービス商品にも多くの物的要素が含まれる[5]。本節では，サービス商品の特性を分析して，サービス商品の提供形態についても見てみる。

1）サービスの特性分析

物的商品分類は，第3章1節で，経済学的視点とマーケティング的視点から検討分析したが，サービス商品分類は第7章3節の「サービスマーケティングの発生」で詳細に議論する予定だが，本項は，サービスまたは商品として提供されるサービス[6]の特性を検討する。それは，商品としてのサービス提供は物的商品とは異なる特性があるからである。

すでに議論したように，サービス商品の生産と消費には，提供側と受入側の両方が同時に存在するのが必要である。また，サービス商品にも物的要素のある事例も多く挙げた。我々の生活では，対価として支払わなければならないサービス商品が至る所で提供されるのも事実である。さらに，サービス商品の生産と消費は提供側と受入側の対面的行動や行為で完成され，それと同時に消費される。以上の諸点を集約すると，サービス商品の特性[7]は以下の5つを挙げることができる。

（1）不可分性：サービスは提供側と受入側が対面して生産され消費される。

(2) 両面性：サービスは物的要素と非物的要素によって組み合わされる。

(3) 一過性：サービスは生産と消費が同時進行して完了し，在庫はできない。

(4) 異質性：サービスの提供と品質評価は提供側と受入側によって変わる。

(5) 普遍性：サービスの提供は日常生活においてグローバル的にも遍在する。

　要するに，サービス商品と物的商品の最大な違いは第3章で述べた所有権の移転ができないほか，サービス商品の生産と消費の「不可分性」である。それは，サービス商品の「一過性」（非在庫性とも称される）とも緊密に関連する。ここでは，サービス商品の普遍性についても十分に注意してほしい。

　今日では，G7先進国では，経済サービス化の中，広義のサービス業は，GDPの産出にも勤労者人数にもいずれも主役的な存在になっている。また，第1章でも述べたように，サービスの提供と受入れはG7に限らず，BRICsのような新興経済，そして多くの他の経済成長が著しくかつての発展途上国も含めたG20諸国までに一般消費者の日常生活に普及されている。

２）サービス提供の形態

　サービス商品の生産・提供と購入・消費は，一般に提供側と受入側が対面しサービスエンカウンター（第5章1節参照）で行われる。サービス商品の提供形態は基本的に一対一，一対複数，複数対複数，複数対一の4タイプがある。

① 一対一のサービス提供

　これはサービス商品の基本形である。第1章でも述べたように，サービスは，他人に対する思いやりやご好意のような日本的通念でも，日本的「奉仕」や「奉公」も一対一の場合が多い。今日のような商品であるサービスの提供でも品質を確保するために一対一の場合が多い。それは，提供側が受入側に対して細やかな気づきができ，より質の高いサービス商品の提供ができるからである。レストランでの1人来店客への対応や患者1人ずつに提供する診療サービ

ス，また，習い事や家庭教師などのように多く見られる。

②　一対複数のサービス提供

これはサービス産業化の象徴である。一対一の場合は，供給と需要はちょうどバランスが取れるように思われるが，需要が多く人気のあるサービス商品の場合は，受入側が提供側より多くなる。提供より多くなっている需要への対応策として，同じサービス商品の提供ができる人を育成すればより多くの需要に応えるのもできるが，育成に時間が掛かる上，品質のばらつきが出る恐れもあり得る。このために，1人の提供者が同時に多くの顧客に対してサービス商品を提供することが手取り速くて能率もよくなる。

レストランでは，複数の人を1つのテーブルに着席させて1人の従業員が対応するのも日常に見られる。年に一度の国保健康診断の場合は1人ずつではあるが，多くの受診者を指定される施設に集めて行うこと自体は能率を高める考え方である。また，家庭教師も兄弟同時に受け持つこともできる。より能率のよい手法と言えば，学校教育の学年やクラス，学習塾などがある。

③　複数対複数のサービス提供

これはより複雑あるいは複合的サービス提供の形態である。人間が求める商品もサービスも時には複雑に構成される。複合的サービス商品を提供する場合は，1人の提供者は対応できなくなる。レストランでは，会社の懇親会や大学の卒業祝いパーティーなどの場合，大人数に対して1人の従業員はきっと対応できない。参加する顧客の要望も料理や飲み物の注文や追加，使用済みの食器下げやテーブル整理，食器補充やその他の要望に応えるには大人数顧客に相応しい複数の提供者が必要になる。学校や企業の健康診断の場合は，大部屋で複数の医療係員が同時に複数の受診者を検診する。学校教育では，期末試験や入学試験のシーズンは，全教職員を総動員して実施するのも珍しくはないし，塾の模擬試験になると，アルバイトを雇わないと対応できない事態になる。

④ 複数対一のサービス提供

これは品質保証を最優先にする提供形態である。複数の提供者が1人に対し，または大人数の提供者が少人数に対し，品質の非常に高いサービス商品の提供で，万全を期して失敗は許さない。皇室行事や国賓招待など最高品質のサービス提供がよく連想されるが，特定の個人に提供される場合もあり得る。

例えば，レストランでは，店舗の貸し切りサービスがある。医療の事例では，複数の医師または複数の診療科の専門医師で構成される医師団が1人の患者を複合的・総合的に診断し治療するような医療サービスもある。家庭教師の場合は，複数教科の教師が1人の学習者に対し多教科知識の補習なども考えられる。大学を多含む学校教育でも，障害ある生徒や学生の登下校，受検や講義出席のため，学校や大学への行き来や校内移動など多面で複数の係が専門に担当することも少子化時代の今日では増えていくのであろう。

こうして，サービスまたはサービス商品の提供は受入側の需要と要望に応じて行われることが重要である。今の時代では，サービス商品の提供も物販業と同様に買い手市場が定着しており，また，在庫できないサービス商品の生産と提供は受入側の需要や注文がなければ行われないから，同じサービス商品を大人数に提供することも多くのサービス商品を1人または少人数に提供することも決して珍しくない。

2．サービス経営における人間関係

サービスの提供側と受入側の間にメリットや利得，さらに金銭的対価が計算されると，それがサービス商品と呼ばれるが，人と人の相互関係によって成り立っているサービスは決してすべて金銭で計算されるものでもない。日常生活の近所付き合いや友人関係，また，親子や兄弟，恋や愛情，助け合い等々，すべての人間関係はサービス的関係になることもあり得る。互いに相手の存在が自分にとって意義あるならば，それはサービス的人間関係と言えるが，本節では，人間関係について社会学的あるいは哲学的に議論を展開するつもりがな

く，サービスやサービス業経営に係わる人間関係を検討してみる。

1）人間関係の基本とサービス

　サービスは，一般論として相手の他人のための「尽くすこと」「奉仕すること」，または「役に立つこと」などの認識がある[8]。商品としてのサービスになると，それは，他人に「便益を与えること」やメリットを与えることになる。このために，サービスは少なくとも自分と対象の相手が存在しなければ，相手に「尽くす」や「奉仕する」こと，「便益を与える」ことや「役に立つ」ことは成り立たなくなる。

2）サービスにおける人間関係

　セルフサービスでは，他人は存在しなく，それはサービスではないというのはすでに議論した。したがって，サービスの成立には，自分と他人の双方向の人間関係の確立が大前提である。サービスは2人以上の他人同士が係わる人間関係だからである。

　人間関係は，図4－1のような構造で表すことができる。注意すべきは，図

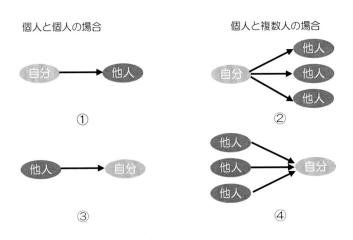

個人と個人の場合　　　　　　　個人と複数人の場合

①　　　　　　　　　　②

③　　　　　　　　　　④

図4－1　人間関係のパターン

に示される自分と他人の間の矢印は一方的で，この場合は人間関係ができているが，サービスにはなっていない。何故かというと，サービスは提供する人だけ，または受ける人だけではならない。提供する人に対し受け入れる意識や気持ちが必要である。もちろん，受け入れる意識があるが，提供する人が居ないと，それでもサービスの成立はあり得ない。

　図4－1に挙げられた①～④の4つのケースはいずれも人間関係が成立するが，サービス的関係にはならない[9]。図中の①と③はともに一対一の関係だが，ともに一方的なので受入側に受け入れる意思がない。そして，③と④は1人対複数か複数対1人ではあるが，矢印はやはり一方的で，サービス的関係ではない。つまり，係わっている2人が互いに相手として受け入れようとする意志がなければ，第2章4節で検討したサービス定義によると，提供側と受入側の間に，「意識的または潜在意識的相互作用」はサービス成立の必要条件なため，図4－1のいずれのパターンもサービス的関係は成立していない。

　一方，図4－2を見ると，図中の矢印は図4－1のような一方的ではなく，すべて双方向的である。提供側の左から右への矢印で表す提供の意思表示に対して受入側の右から左への矢印は受け入れるという意思表示を表している。こ

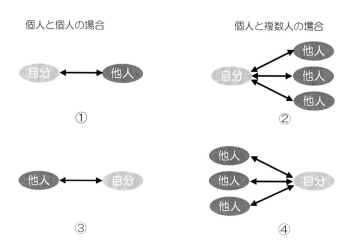

図4－2　サービス的関係の成立とそのパターン

うした人間関係では,「尽くすこと」や「奉仕すること」,「便益を与えること」や「役に立つこと」があれば, サービス的関係が成立することになる。サービス的関係は係わる複数の人間が互いに意識し相手を受け入れようとするのが前提 [10] だからである。

3）サービス企業と顧客間の人間関係

　社会の経済構造では, モノづくりまたは製造は生産で, 生産物であるモノを利用して消耗してしまうのは消費と言う。生産と消費に係わりのある人間関係は生産者と消費者である。しかし, サービス業では, サービス商品を購入して消費する人々は消費者というよりも顧客と呼ぶ [11]。サービス企業は顧客に対してサービス商品を提供し, 顧客ももちろんサービス商品の受け入れに来店する。企業と顧客の関係はサービス的であるのはもとより, 来店客はサービス商品の生産と消費, さらにサービス企業の業務継続や企業存続の支えでもある。

　顧客が第5章で検討するサービスエンカウンターに臨場する前に, サービス商品の内容や形態, 価格や利用条件などの情報を収集することもあれば, 企業自身も潜在顧客に対して事前サービスを提供する。そして, サービス商品を消費した顧客に対しては, サービス商品の種類や性質, 特徴によってはアフターサービス [12] の提供も実施する。

　なお, サービス業と顧客との関係樹立やサービス商品の品質評価については第5章で議論し, サービスマーケティング戦略と戦略を構成する3つの視点については第9章で検討する予定である。

4）サービス企業内部の人間関係

　サービス商品を消費する顧客は複数であっても, サービス商品を受け入れて消費することが目的である。対して, サービス商品を生産し提供する従業員は, 生産と提供がスムーズに完成するために複数の従業員が複数の役割を分担しながら1つのサービス商品の提供と消費ができるよう機能しなければならない。ここに, いわゆるサービス企業内部の人間関係が生まれる。

　また，企業内部とは言ってもサービス業では，顧客と接してサービス商品を生産して提供する従業員と，生産と提供する従業員をサポートする人が居る。さらに，企業経営者と各部門の管理者，そしてリーダーやマネジャーのようなサービス商品を提供する際，品質管理または従業員と顧客間の人間関係を管理する現場責任者も多く居る。企業内部の従業員間の人間関係はサービス商品を提供する企業だからこそサービス的関係でなければならない。

　経営学で社内人間関係の分析は人事管理や労務管理または人間関係論的視点から議論するが，マーケティングでは，企業や組織内部に適用できるインターナルマーケティングを用いて分析する。この分析は第9章3節で展開する。

5）サービスの現場（エンカウンター）における人間関係

　サービス商品の提供はエンカウンターと称されるサービス提供の現場にて行われる。サービスエンカウンターに関する詳細な議論は第5章で展開する予定なので，ここでは，一先ずサービス提供の現場と称する。

　サービス商品の生産・提供・消費はまさにこの現場で行われる。サービス商品は提供側の企業従業員と受け入れる側の顧客の相互作用だから，現場の人間関係は従業員と顧客しかないのではと思われる。しかし，前述したサービス商品提供には4つの形態があるので，1対1の他に，従業員と顧客を含めていずれも複数の関係者が現場に居る。そこで，現場の人間関係は決して単純に1人の従業員に対して1人の顧客ではない。

　また，貸し切りでなければ，生産性のことを考えると，現場に1人の顧客に対して1人の従業員がサービス商品を提供するのはいかに非合理的である。このために，現場には基本的に複数対（つい）のサービス商品の生産と提供が行われる。顧客の都合にもよるが，時には1対1，時には1対複数でサービス商品の生産と消費が進行される。現場全体では，複数対複数のサービスが生産・提供そして消費される状態である。このような複雑な顧客対応については，第5章で検討する予定である。

6）サービス現場における人間関係のパートナーシップ

　パートナーと言えば，一般にビジネスの共同出資者や事業を共同に運営して，共通した目標達成に向けて協力し協働することやそれらの関係者である。もちろん，一緒に生活している人々や一緒に調査・研究している仲間，さらには企業内の共同プロジェクトチームのメンバーなどまでもパートナーと呼ばれる（第10章2節も参照）。

　これまで議論してきたように，サービスやサービス商品の生産・提供そして消費は開始から終了までの連続して相互作用するプロセスである。サービス商品の生産は目の前に居る顧客の注文に始まり，その顧客がサービスを消費するまで終わると言い換える。当然なことで，提供側と受入側の間にパートナー的な意識が必要で，少なくともサービス商品の生産と消費に係わる人間関係にはパートナーシップである。

　サービスにおけるパートナーシップ的関係は，マーケティング的には2つの考え方がある。それは，リレーションシップとパートナーシップである。

①　リレーションシップ

　リレーションシップはサービス業にだけある現象ではないかと思われるが，マーケティングでは，最初に交換や取引に係わる人間関係に注目して研究したのは，サービス業ではなく，売り手と買い手の取引関係がいかに長く続けられるかという視点であった。代表的研究の1つは，リレーションシップマーケティングである[13]。リレーションシップマーケティングは，企業と顧客の関係に着目し，顧客との継続的で長期取引関係の構築と維持は企業経営の最重要課題とする。

　サービス業では，従業員と顧客とは直接に会い，その場でサービス商品の生産や提供が行われるために，顧客との関係はサービス商品の品質を評価し，満足か不満足を感じるなどに止まらず，顧客のリピートや口コミによる新規顧客に対する宣伝にも効果的である。こうした人間関係をパートナーシップ的に確立し維持されば，企業の経営目標達成が確かなものになれる。

② パートナーシップ

　しかし，リレーションシップマーケティングの視点では，サービス商品の生産と消費における当事者間の協力的相互作用を説明できない部分も多い。一対の関係者のもとで行われる一連のプロセスであるサービス商品の生産と消費は，従業員と顧客の間に，「両者が相互尊重の精神で継続的協力的な関係をもつ」[14] というのがポイントで，それがパートナーシップ的な発想である。

　サービスマーケティングでは，接客要員（C・P）[15] と呼ばれ，現場で生産と提供を職務やプロフェッショナル的仕事として実施するに当たってはC・Pがキーマンとされる。顧客CはC・Pが仕事上の役割果たしにとって最重要なパートナーである。Cがエンカウンターに臨場することがなければ，C・Pの存在価値すら疑われる。一方，臨場する顧客はその目的達成（サービス商品を購入し消費すること）には，提供側のC・Pをパートナーとして意識し，自らも協力的行動を取れれば，満足の行くサービス商品を消費することができる。

　これは，まさに，サービス商品の生産と消費現場での当事者間の相互作用で，C・PもCもこの相互作用からサービスの核心的価値（core value）を得ることができる。また，顧客の臨場とC・Pの役割によりサービス商品の生産と消費が完成する。

　サービス業では，C・PとCのパートナーシップ関係は，サービス商品の交換または取引成立の基礎で，サービス商品への品質評価や満足判断の最低限要件でもある。経営者とC・Pとのパートナーシップ関係は，企業と顧客との関係維持にも役立ち，企業の営利目標達成，そして経営安定と事業継続にも必要不可欠である。なお，パートナーシップマーケティングに関しては，第 10 章で詳細に議論する予定である。

3．サービス業以外のサービス的関係

　以上の事例や分析を見れば，商品としてのサービスは基本的にサービス企業が提供していることが分かる。前述したように，相互作用であるサービスの根

本は人間関係にある。サービスの生産と消費に係わる人間関係の分析は３節で検討するが，本節は，サービス業以外のサービスまたは「サービス的関係」[16]について見てみる。

１）モノづくりにおけるサービス的関係

　モノづくりとは，技術のある人が適切に材料を選んで使用価値のある製品（モノである生産物）に加工し製造するプロセスだから人間関係なんか要らないと思われる。しかし，モノづくりを実施するのが人間で，作ったモノを使うのも人間である。また，モノづくりは他人の使用や消費のためで，作ったモノを購入し使用する人の要望に応えられるのが前提である。言うまでもなく，モノづくり産業にも人間関係が存在しており，その人間関係もサービス的でなければモノづくりにマイナスの影響が与えられる。

　モノづくりに存在するサービス的関係は大きく社内と社外に分けてみることができる。社外関係とは一般消費者を自社顧客としての取引関係樹立や長期にわっての関係維持または向上などによって企業へのその消費者の「生涯価値」が高められるのが前述した通りである。その他に，業界内外自社のライバルや原材料を提供してくれる生産業者・製造企業など市場関係者[17]との間の関係もサービス的に改善し維持していくのも経営コスト低下に有効で，経営効果も上がる。また，業界所管の行政部局や法律監督部門など企業外部との関係も企業経営や経営目標達成に多大な影響を与える。

　では，企業内部のサービス的関係はどうなっているのか。社内の人間関係は少なくとも３つの側面から見ることができる。

①　労使関係

　まずは，企業の経営者や管理者と従業員との関係で，いわゆる労使関係である。かつては，雇用側が絶対的な人事配置や労務配分の権限を有し，指示に従わない従業員は転勤させられ，仕事が失ってしまうことさえある。今日では，人手不足や労働力の売り手市場などを背景に，労使対等や給与・福祉改善など

はもとより，「働き方改革」の呼び声もあるように，必要な人材確保には，よりよい労働環境の整備，家族も含む従業員福祉の向上，有給休暇や社員研修・旅行などの制度設計，いわゆる社内向け従業員サービスの提供と改善は，企業の経営目標達成にとっての必須条件になりつつある。

②　従業員同士の関係

　一方，社内従業員同士の人間関係はすでに経営学では，経営組織論や人間関係論で研究され，ホーソン実験[18]で検証されたように，作業環境と同様に，共同作業に取り掛かる人間関係の良し悪しが生産現場の能率や産出などに直接影響を与える。現代企業では，モノづくりとは言え，1つの製品を完成するにはかつてのような職人独自の技だけで1人で仕上げられるのは非現実的で，作業現場や生産ラインの複数工具による協働は不可欠である。したがって，従業員同士の関係はサービス的，互いに相手の気持ちや進捗状況などの作業都合に合わせながら行動するのは生産がスムーズに行われ，能率よく品質よい製品の仕上りができる。

③　社内部門間の関係

　今日，日本企業が多くの分野で新興経済の中国や経済開発した韓国企業などに競い負けという結果が多く見受けられる。それは，日本企業の経営決断が遅いという指摘もあるが，社内部門間の関係調整はうまくできなかったと言っても過言ではない。一定規模の企業であれば，社内には多くの部門があり，部門間の関係は人間関係ではないと思われるが，企業は人間で組織され，各部門のトップも社内の人間に違いない。縦割りで分割される日本企業の部門制管理は縄張りで部門決定が優先され，部門間共通利益の調整や全社利益は屡々見落とされてしまう。社内の人間関係はサービス的に調整ができなければ，国内外市場での競争力が落ちってしまうのは想像できる。

2）物販業者におけるサービス的関係

　モノづくりの製造業と同様に，物販業の企業も人間で組織されるので，物販業にも社内と社外の人間関係がある。物販業社内の人間関係も製造業に類似するので，次では，業界内の企業間の人間関係について見る。

　物販業は物的商品を販売する業界で，卸売業と小売業で構成される商業と見ることが多いが，物販が故に，物的商品が販売されると自ずから物理的移動である物的流通というプロセスに入る。物的商品を購入した買い手は当然のようにそれを自分の指定する場所に移動させたい。このために，物販業では，少なくとも① 卸売業と小売業，② 卸売業同士，③ 小売業同士，④ 卸売業と物流業者，⑤ 小売業と物流業者，の間の人間関係が存在する。次では，②と③の議論を省略して，①，④，⑤の3つのケースを検討する。

　①の卸売業と小売業の関係は，商業者同士で流通構造でも互いに主役的な存在である。両者の関係は直接に互いの経営結果と利益追求目標達成に係わる。流通経路で，卸売業は「川中」，小売業は「川下」と例えられ，小売業経営の継続は卸売業からの商品供給が不可欠である。しかし，法的には小売業は必ず卸売業を経由しなければならないという規則はないので，取引関係のある卸売業と小売業の関係が悪くなれば，卸売業は別の販売先を探すことも自由だし，小売業も違う卸売業から仕入れることができる。

　ところが，卸売業も小売業も継続で安定する企業経営を望むとすれば，新たな取引先を求めるためのコストとそれに伴うリスクに対して，すでに信頼できる取引関係を維持している取引先との業務継続の場合と比べるとどれがより合理的かつ効果的だという答えは，前述したリレーションシップマーケティングで分かる。だから，卸売業と小売業の取引関係はサービス的で互いに利益を持たせる関係になるのは最も望ましい。

　④の卸売業と物流業者の関係を見ると，物流業者は卸売業にとっては取引を最後まで完成させるに必要不可欠の助っ人である。歴史的に，卸売業が小売業などに商品を販売してから取引先の倉庫まで手渡しという慣習がある。卸売業は古く鎌倉時代に誕生した「問丸」が源流で，その後，「問屋」に変身しても

その多くは中小規模で単品扱いが多かった。このために，中小規模の卸売業の多くは外部輸送業者に商品の手渡しを委託する。これはかつて「飛脚」[19]と呼ばれ今は宅配業という少量の荷物の配送も扱ってくれる輸送業者が古くから日本に存在する理由でもある。

　また，卸売業から委託された商品の輸送は小売業に限らず，多段階だと国際的にも指摘される日本の流通経路[20]には次の段階の卸売業への商品輸送も当然のように多い。卸売業と物流業者の関係が悪くなると，卸売業の日常業務継続や利益目標達成に高いハードルに阻まれてしまうのであろう。

　⑤の小売業と物流業者との関係は卸売業よりは簡単かつ少ないが，物流業者の存在は小売業の業務継続を支えてくれる。近年，予測できないほど悪天候に遭遇すると，コンビニやスーパーなどの品切れや取扱商品が続かないなどで臨時閉店・休業などが，新聞やテレビのトップニュースとして取扱われるほど注目される。しかし，いわゆる「不可抗力」のような天変地異を除ければ，小売業の最大な存在価値は同じ場所で同じ時間帯に同じ商品が販売されるという安定かつ継続的店頭販売である。これは言うまでもなく物的商品を販売すると同時に来店顧客に対するサービスでもある。

　このようなサービス的関係は実に規模の大小に関係なく多くの物流業者の協力がなければ維持できない。言うまでもなく，小売業者にとっての輸送コストや配送時間などの安定と維持は自店顧客への最大なサービス的関係でもある。物流業者との関係変動は品切れなどの不都合が生じ，いわゆる商機逸失となり，顧客の店離れという最悪の結果をもたらすことになる。

　物販業では，物的商品の販売が安定かつ継続的であれば，それは商業と言われる卸売業と小売業の企業間のつながりで維持されるものである。卸売業や小売業，そして物流業者も含めて商品流通の全体では，個別企業の取引関係樹立と維持は各々の企業間関係の自由な離散集合ができる。しかし，自社経営が安定して継続できるように維持していくには外部他社との関係樹立や維持が不可欠である。いずれの企業にとっても，このような関係はサービス的であるのが最も望まれる。

要するに，製造業と卸売業，卸売業と小売業，そして，同じ業界の企業同士，さらに物流業者も含まれると，個々の企業間の関係が非常に多様で複雑である。とは言うものの，これらの関係は企業間とは言え，人間関係にその根本がある。企業や組織のトップが変われば，これまでの企業の経営スタイルや経営目標，経営戦略や戦術なども変わる。当然のように，これまで維持してきた特定の企業や組織との関係も変化していく。

3）一般消費者または顧客間のサービス的関係

流通経路の製造業や物販業の最終標的は最終消費者である。消費は生産を維持させる唯一の手法だと言わざるを得ない。良質で価格も合理的な商品が飛ぶように売れ，ちょっとインチキではないかと思われた商品は売れるわけがない。特に，情報化社会がさらに進展してきている今日では，SNSなどを経由して，「悪事千里を走る」の如き，悪いものならすぐにそれだけ社会的制裁を受ける。これらは顧客間のサービス的関係がもたらす結果でもある。

本来，自分が騙され被害を受けた消費者は企業に対し社会弱者でもあるから泣き寝入りという言葉のように，自分のうっ憤を晴らす手法がなく社会に向かって訴えずに，ツキがないなと自己慰めながら，時間が経つと被害への不満不平や記憶さえ自然消滅してしまう。しかしネット時代の今日では，スマホの普及は人々が簡単に情報の交換や共有ができる。そこで，自分の経験や教訓をネットにアップして他人に知ってもらうことはまさに他人に提供するサービスである。これも第2章で検討した日本人の他人に対する「お気遣い」や「思いやり」なので，サービスの源流である。

このように，ネットでなくても消費者や顧客の間にあらゆる情報の交換・共有はかつての「井戸端会議」，今日の雑談や日常会話でのコミュニケーションを通じて行われる。特に，自分の成功は他人にも味わえて欲しく，自分の失敗談は二度と繰り返さないような情報発信は消費者個人間のサービス的関係の築きに役立つことになる。

【注】

1）日本標準産業分類は日本の公的統計における産業分類を定めるために総務省が公表した告示である。日本最初の産業統計は 1930（昭和 5）年の第 3 回国勢調査で実施された。現行基準は，1 回目告示は戦後 1947 年 3 月 26 日に公布された「統計法」に基づき 1949（昭和 24）年 10 月制定したものである。1951（昭和 26）年から 2013（平成 25）年まで計 13 回（2013 年 10 月改定，2014 年 4 月実施）も改定した。1 回目は A〜M まで 13 の大分類があるが，製造業と非製造業に二分し，製造業は F 大分類で，その他は非製造業とした。現行の 13 回目は A〜T まで 20 大分類に分けた上，99 中分類，530 小分類も区分される。

2）イギリス経済学者 C. G. クラーク（Clark, Colin Grant）が 1941 年「経済的進歩の諸条件」で全産業を「第一次産業」「第二次産業」「第三次産業」に分類して，ペティ＝クラーク法則を提唱し，経済成長は原材料生産中心の第一産業からサービス中心の第三次産業へ推移してくと主張する。

3）日本標準産業分類では，大分類 C「鉱業，採石業，砂利採取業」の産業の役割は大分類 A と B と同様に，建築業と製造業の第二次産業が使用する原材料の発掘と収集に過ぎず，第二次産業に分類する理由は不明確だと思われる。

4）第三次産業の包括する範囲は本来，第一次，第二次産業以外のすべての産業であるはずだが，産業統計を管轄する行政は大分類 S の「公務」を除外する慣例がある。理解しづらいが，「公務」という分類は 3 つの産業いずれにも含まないのが現状である。

5）総務省政策統括官（統計基準担当）の決定として公表した『サービス分野の生産物分類』（2019 年設定）1 頁では，生産物の定義として，「有形財，無形財及びサービスが含まれる」としている。因みに，無形財はサービスを入れず，「ソフトウェア，研究開発，特許権，商標権，著作権等の知的財産」だと決めている。この基準決定によれば，サービスは産出物の 1 種と認識されている。

6）第 2 章ですでに議論したように，サービスは営利と非営利の両方の性質があるが，本章が議論していくサービスは主として営利性質を有する商品とするため，サービス商品と称する。

7）サービスの特質に関する日米欧における代表的研究については第 7 章で分析するが，本節は，サービス業の経営に関する今後の議論展開に備えて，筆者がひとまずサービスの特性を整理した。なお，一般に言われるサービスの無形性に関しては，物的商品要素が必要だと分析したように，本書は，サービスは無形財としての認識には賛同できない。

8）サービスの一般論に関しては，無料で犠牲的なものが多いとされる。日本では，広辞苑（第 6 版）の「奉仕」「給仕。接待」「客の便益を図ったりすること」「用役。用務」のよ

うな解釈がある。欧米でも，「奉仕し，援助し，便益を与える行動。他人の幸福やメリットになるための行為」というのがある。Christopher Lovelock and Jochen Wirtz (2007) *Services Marketing* 6th edition; Pearson Education Inc., 白井義男監修／武田玲子訳（2008）『サービスマーケティング』ピアソン・エデュケーション，15頁。

9）サービス的関係にならない例とは，男女関係の片思いが挙げられ，一方的ならばストーカー行為になる。因みに，親が子に安定した公務員職を目指してほしいが，子は近年の子供に対する意識調査のように，野球選手やサッカー選手になりたい場合でも，一方的な人間関係である。

10）本書は，サービス成立の基準に「意識化あるいは構造化した出会いのネットワーク」は1つの要件として認識する。浅井慶三郎著『サービスとマーケティング─パートナシップマーケティングへの展望』（増補版）同文館，2003年，26頁。

11）顧とは，顧みることで，顧客は繰り返して来店する消費者を意味する。サービス業では，サービス購入のために来店しその場で消費する人々は顧客と言うが，顧客にも来店頻度によって一般顧客，常連顧客がある。そして，店舗に愛着する顧客はファン顧客とサポート顧客とも言われる。利用しようとする人々は経済学と同様に潜在顧客と言う。また，マーケティングでは，自ら商品やサービスを購入して消費する人を顧客と呼び，購入しなくても商品を消費するだけで消費者になると区別される。

12）サービス業のアフターサービスは多種多様で枚挙しきれないが，例えば，都市ホテルや温泉旅館が宿泊利用の感謝書簡や宿泊中のトラブルへのおわび状などの送付，あるいは忘れ物を自宅へ送り返すなどがある。引っ越しサービスの場合は，引っ越し後一定の期間中利用客宅を訪ねて，利用後のアンケート調査や家具位置の調整，その他業者のできる範囲でのアフターサービスを無料で提供することもある。

13）リレーションマーケティングのコンセプトは，一般にヨーロッパ学派（Industrial Marketing and Purchasing or International Marketing and Purchasing = IMP）における企業と顧客に関する研究はその源流だと思われるが，最初に提唱したのはアメリカテキサス A&M 大学の Berry, Leonard. L.の論文である（Berry, L. L. (1983) "Relationship Marketing", in Berry, Leonard. L. et al., eds., *Emerging Perspectives on Services Marketing,* American Marketing Association.）。一方，浅井研究によると，ハーバード大学の Levitt, T. が最初に顧客との関係を注目したという（Levitt, T. (1974) *Marketing for Business Growth*, McGraw-Hill, p.9）。

14）同10）。285頁を参照。

15）サービス商品を受け入れる顧客（Customer = C）に対し，サービス商品の生産と提供を担当するサービス業の従業員は，サービスマーケティングでは接客要員（Contact

Personnel ＝ C・P）と言う。顧客要望に応え，サービス商品の生産と提供を通じて顧客の高い評価と満足を得るために欠かせない人員である。以降，サービスエンカウンターに関する議論では，接客要員の代わりに C・P を使用する。

16）「サービス的関係」について説明すると，これは，自分の利益を守るのはもとより，他人の立場や気持ち，他人の都合や利得も考えながら他人と相互作用することである。企業は利益追求のために作られた組織ではあるが，社会経済や市場環境の中では自社だけが利益を得ることはあり得ない。企業が手にする利益は必ず他の企業との取引などの相互関係から得られるものに他ならない。このために，他の企業も利益がなければ取引関係は続かない。つまり，他の企業との関係が良好かつ互いに相手の利益を配慮して相手も利益を得ることができれば，相手も喜んで取引関係を樹立してくれるし，長く維持していく原動力にもなる。このような関係は本書は，サービス的関係と称する。

17）ライバル的市場関係者と言えば，マーケティング 5FORCEs 分析モデルで解釈するように，市場には，① 既存する競争者のほか，② 新規参入者，③ 代替材，④ 原材料や商品供給者，そして⑤ 自社商品の購入者などが存在する。さらに，製造業でもサービス業でも，こうしたライバル企業との関係も相手の存続を許さないような死闘的競争ではなく，同じ市場において共生できるような関係であれば，互いに利益の獲得ができるようになると考えられる。

18）ホーソン実験（Hawthorne Experiments）とは，1924 年から 1932 年までシカゴ郊外のウェスタンエレクトリック社（Western Electric）ホーソン工場で実施された実験である。ハーバード大学のエルトン・メイヨー（George Elton Mayo）とフリッツ・レスリスバーガー（Fritz Jules Roethlisberger）が労働現場の照明並びに現場で一緒に作業をする従業員個人間の人間関係や目標意識が生産能率と生産効果を大きく左右すると結論付け，人間関係論学説を確立させた。

19）飛脚とは，現在は宅配業の佐川急便の登録商標ではあるが，本来は，鎌倉時代に整備された信書や貨物，金銭や為替などを長距離輸送するための企業または業界である。江戸時代になると，全国に普及された。

20）諸外国並びに多くの学術研究にもよく指摘されるのは，日本の流通経路の多段階である。特に，卸売業の段階では，業種によれば，一次卸の元卸から最終卸まで，三段階ないし四段階の卸売業が存在する。年間売上総額を見ても，卸売業と小売業の差が歴然としている。経済産業省が公表した 2016（平成 28）年の「経済センサス─活動調査」によると，小売業の年間売上総額 145 兆円に対し，卸売業は 3 倍の 436 兆円にも達している。つまり，平均的に卸売は三段階になっている計算だと言える。

───── 第5章 ─────

サービス商品の品質評価とサービス満足

　物的商品は外形やサイズ，デザインや色彩，また，味や香りなど人間の五感で判別できる要素が多くある。このために，物的商品の品質は商品本来の性質や属性と簡単に説明される。物的商品の品質は物理的品質と機能的品質に分けて見ることもできる。物理的品質とは，原材料や加工精度，安全性・信頼性や耐久性，等々，商品本来のあるべき性質または属性で，いわゆるより客観的要素である。物理的品質は社会的共有しており，物的商品の所有者も自ら品質の判別ができる。

　機能的品質と言えば，商品の用途や使用価値，商品価値や交換性などの商品使用や流動性に係わるもので，商品本来の価値よりも非物的要素が多く含まれる。所有者の個人的嗜好や拘り，交換する際の相手の個人的判断などに大きく依存する。交換や取引の点では，サービス商品と類似するところである。

　サービス商品は前述したように，有形性質の物的要素もあるが，無形性質の非物的要素が主とする。このために，サービス商品品質に関する認知と評価は主観的判断が多い。例えば，外食サービスでは，料理の素材が物的要素で，大抵の人はその判別ができ，より客観的判別材料ではあるが，調理手法や火の通し具合，盛り付けなどになると，評価する人の嗜好や拘りに委ねることしかできない。その他，レストランの外観や内装，椅子やテーブルの材質・デザイン・形状・色彩・サイズなどの物的要素，そして，料理の出し方や済んだ食器の下げ方など非物的要素がサービス商品の品質評価に大きな影響を与える。

　次では，サービス商品の品質評価に大きく影響を及ぼす主観とは，提供側の主観なのか受入側の主観なのかを探るべく，本章はサービス商品の品質評価を大きく左右しうるであろうと思われるサービス商品の生産・提供そして消費の

現場であるサービスエンカウンターで，提供側と受入側を含むそれぞれの関係者の言動や互いのコミュニケーションによる相互作用がサービス商品の品質評価そしてサービスに対する満足の度合いに与える影響を検討する。

1．サービス提供における直接の関係者

　サービス商品そのものは人と人の相互作用で生産され提供されると同時にその場で消費されるため，主として目に見えにくい非物的要素で構成される。また，人々の間の相互作用は関係する人間の出会いは先決条件[1]である。その出会いの場は，サービスエンカウンターと言う。

1）現場であるサービスエンカウンター
　サービスエンカウンターは，サービス商品を提供する企業と顧客との接点で，サービス商品はその場で生産・提供され，消費される対面サービスの現場でもある。注意すべきは，エンカウンターで顧客に接するのはサービス企業や経営者ではなく，企業や経営者の代わりに，生産・提供を実施する接客要員[2]（C・P）がサービス商品を受入れて消費する顧客（C）に接する。

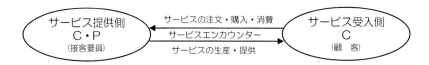

C・P：Contact Personnel（接客要員）；C：Customer（顧客）

図5－1　サービスエンカウンター（出会いの場）のイメージ

　図5－1はサービスエンカウンターでサービス商品が生産・提供され，購入・消費されるイメージである。図のように，提供側のC・Pは受入側のCとエンカウンターで出会い，C・Pはその場でサービス商品を生産しCに提供する。それがCのニーズまたはウォンツ[3]などに応えるのが必要である。

　サービス商品の生産・提供と購入・消費はC・PとCとの対面は基本形である。典型的なのは百貨店販売員や外食産業店員が提供する対面サービスが挙げられる。顧客ニーズやウォンツをリアルタイムで対応できるので，品質は高く評価される。また，対面サービスは顧客の即席の個性的ニーズへの応えもできるため，サービスエンカウンターの最も注目される存在価値である。

　近年，情報化社会のさらなる進化の中，インターネットのような情報ネットワークを通じてネットサービスのような対面しなくても提供できるような事例は第8章で議論するが，一言で言うと，ネットサービスというのは，サービス商品提供手段の多様化に過ぎず，エンカウンターがなくなったわけではない。

　サービスエンカウンターに存在する様々な関係者の中，まずはサービス商品の生産と消費に直接に係わる関係者を見てみる。

２）サービスを受け入れる社外顧客

　生産物の生産に対し消費はその生産物を利用して消耗してしまうことである。物販業では，最終に物的商品を購入する人は顧客[4]と言い，商品の売り手と買い手は店舗と顧客の関係でもある。ところが，サービス商品の生産と消費では，「社外顧客」という考え方がある。

　社外顧客はサービス商品を購入して消費するため，エンカウンターに臨場し，サービス企業のC・Pと出会い，その場で自分が購入して消費したいサービス商品を注文することがなければ生産がはじまらない。エンカウンターに顧客の臨場がなければ，サービス商品の生産そのものがあり得ない。社外顧客の具体的注文が確定してはじめてサービス商品の生産と提供を担当するC・Pが接客要員の機能を果し存在価値を表せる。こういう意味では，社外顧客CはC・Pの能力発揮にも役立っている。同時に，Cがサービスエンカウンターに臨場する目的として自分の心理的・情緒的ニーズやウォンツを満たせるのも可能になる。

　さらに，サービス商品に対する個々の社外顧客Cによる購入と消費の繰り返しの積み重ねはサービス企業の営業実績となり，企業が設定した経営目標や

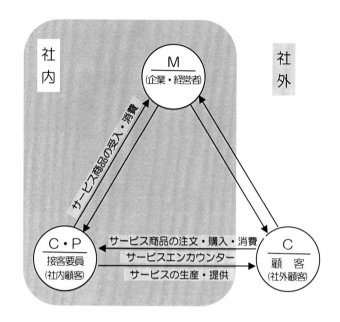

図 5 － 2　社内顧客と社外顧客のイメージ

(注)　社外関係（MとCの関係）の説明は省略する。

利益追求が目標達成できる。要するに，Cはサービス企業の存続とさらなる成
長の可能性を実現させることにも大きく貢献している。

　社内顧客と社外顧客との違いは図 5 － 2 のようなイメージである。一言で言
えば，C・PもCも企業の経営者が決めたサービス商品を消費することになる
が，C・PはCより先にサービス商品を受け入れて消費する。それもC・Pが
サービス業の社内顧客と呼ばれるわけである。但し，C・Pの消費は決してC
のように注文したサービス商品を楽しめるのでなく，サービス商品の構造や内
容を十分に理解し，同様なサービス商品をエンカウンターで順序よく再現して
Cに提供することを通じてCのウォンツを満足させるためである。

3）社内顧客である接客要員（C・P）

　モノづくり業界では，経営者が製品生産を意思決定する。生産に必要な製品規格や製造工程などは技術者やエンジニアなどが企画し，製造過程のマニュアルまで詳細に決める。生産現場では，機械操作など作業に従事する工員が規格や工程に従いマニュアル通りに製造する。同時に，生産ラインでは，半製品から製品まで複数回の品質検査も実施される。合格した製品は販売部隊と呼ばれるマーケティング部門が流通チャネルを選定して製品を市場に投入する，という流れである。工業化社会では，特に大手メーカーでは，社内各工程の分業という現代的経営の大原則のもとで，生産現場の工員は決してその製品の販売に加わることなく，そして製品を購入する消費者に接することもない。

　対して，サービス商品の生産・提供パターンは，モノづくりと異なる。決定的な違いと言えば，次の2つある。1つは，生産・提供に加えて購入・消費もその場で対面に行われ消費して完了する。もう1つは，サービス業で生産・提供されるサービス製品[5]または商品は経済学のいう無形財のように，外形やサイズ，デザインや色彩，等々が人間の五感で確認できない場合が多い。したがって，経営者が決めたサービス商品には目で確認できるような規格がなく，生産や提供マニュアルもモノづくりと大きく違い，明記できないことが多い[6]。さらには，生産プロセスでは，サービス商品の品質検査もできない。

　このために，前項で検討したように，サービス商品を生産してCへ提供する前に，C・Pはスムーズに提供できるように先に商品の消費が必要である。この事前消費を通じて提供プロセスや順序などにどこがポイントなのか，サービス商品自体に欠陥や問題点があるのかも確かめることができる。こうした事前消費は一般に社内での業務研修や技能訓練などの形態で行われるのが多い。C・Pは研修や訓練を通じてサービス商品提供の前に顧客の代わりに事前経験ができる。

　したがって，接客要員であるC・Pは，まず，会社内部の顧客，社内顧客[7]になるのがサービス商品の品質保証にもつながり，顧客満足度を高めることもできる。また，サービス企業の経営目的はサービス商品の提供・消費を通じて

顧客のニーズを満足させることで，C・P満足にもつながることである[8]。

2．サービスエンカウンターにおける他の関係者

　以上で検討したのはサービスエンカウンターにおけるサービス商品の生産と消費に直接に係わる関係者である。1つのサービス商品に係わる関係者には，エンカウンターでの直接の関係者の他に，さらに多くの関係者も存在する。

1）サービス提供の環境について

　まずは，サービス商品が生産・提供されるエンカウンターの環境について見るのが重要である。なぜならば，一言で言えば，普遍的存在するサービスには数えきれないほどの種類がある。提供形態については前述のように，少なくとも一対一，一対複数，複数対複数，複数対一のような多様にある。

　また，サービス内容に関してはさらに多種多様にある。細分して挙げると収拾がつかなくなるので，提供する対象によっては，前述の対人サービス，対物サービス，そして対人・対物サービスのように分けられる。また，サービス商品の提供場所は一言でサービスエンカウンターと言うが，それは室内か室外か，器具や道具を使用するかしないか，その他，エンカウンター周辺の環境または雰囲気に関しても，静かでよいのか，賑やかのほうがよいのかという顧客の要望によって別れることになる。提供環境がサービス商品の内容と品質そのものに対するニーズやウォンツが異なるので，当然，それに対する顧客の品質評価も満足度も一致の見解は得られにくい。

　次項では，事柄の説明を簡潔にするため，室内で行われるサービスの1つでレストランでの食事サービスを事例に，サービスエンカウンターと提供の雰囲気，そして周辺に居合わせる他の顧客と関係者との人間関係を見てみる。

2）エンカウンターの雰囲気を感じる他の顧客

　図5-3は室内で提供されるサービス商品の生産と消費をイメージしてお

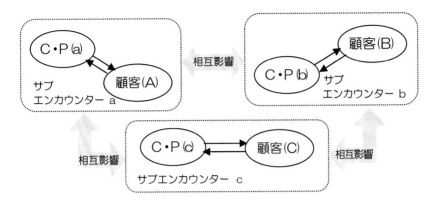

図5－3　サービスカウンターにおける相互影響

り，あるレストランで複数のC・Pが複数のCにサービスの提供とする。

　レストランは日常生活でどこにもあるサービスエンカウンターで，1日1組という制限がなければ，1つのレストランには複数の来店客が居合わせるので，それぞれの接客場面はサブエンカウンターになる。図5－3は，同じ店舗内に，3つの「サブエンカウンター」があるとする。個々のC・P（a, b, c）が各々の顧客（A, B, C）に対してそれぞれのサービスを提供する。この場合は，言うまでもなく，個々のC・Pと各自が持つ顧客との間にマニュアルの基準でサービス商品の生産と消費は同時に進行する。にもかかわらず，C・Pの技能や個別対応，顧客の個性的嗜好や拘りなどがあるとマニュアル規定とのズレが生じるのがもちろん，3つのサブエンカウンターでのサービス提供プロセスやサービスの結果は互いに影響される[9]。

　レストランが提供できるのが洋食か和食か，中華か無国籍料理かはこの事例の核心ではなく，来店顧客の目的はそれぞれ異なるのは普通だと考えられる。中では，誕生日の祝いに来店する人，ビジネスの会合で来店する人，または静かの環境で冷静に大事な話し合いのために来店する人も居る。食事をしながら所定の事柄を進めていくのが各々の顧客が同じかも知れないが，事柄の目的が違えば，求めるC・Pの対応，そしてその場の雰囲気つまりサービス商品を受

ける環境に対する要望が変わってくる。静かに話し合いをする顧客は，当然，すぐ近くにわいわいと誕生日を祝う盛り上がりが好ましくない。ビジネスの会合も落ち着いた雰囲気を好む。

　要するに，サービスエンカウンターでは，多くの場合，生産性を考慮して，店内に幾つかのサブエンカウンターのように複数のC・Pが同時に複数のCに対して異なるサービス商品を提供する。このために，特定の顧客もその他の顧客と隣り合わせる状況にある。このため，a+A, b+B, c+CのいずれのC・PとCの組合せは，相互作用しながら組合せ内のサービス結果を求める。しかし同時に，隣で行われる他のC・Pと他のCの相互作用とその結果から影響を受けることに直面し，逆くに，他のC・PとCの組み合わせの相互作用とサービス商品の結果にも影響を及ぼす。

3）現場責任者とサービス企業経営者

　顧客にとっては，エンカウンターは求めるサービス商品の購入と消費ができる場所であるが，企業から見れば，それはサービス商品提供の業務が実施されるところである。そこでサービス商品の提供を通じて企業の経営目標と利益追求目標が達成できる。しかし，生産と消費は同時進行のサービス商品は常にスムーズに事が運ばれる保証はない。このため，現場であるエンカウンターには，顧客にサービス商品を提供するC・Pを管理するマネジャーやリーダーのような現場責任者も居る。

　現場責任者自体もC・Pであるが，現場のC・Pをコントロールするのみならず，C・PとCの間の行き違いやトラブル，CとCの間にも多かれ少なかれともめ事や苦情などにも気を配る。前述の例では，どれかの1つのサービス商品提供の組合せだけを配慮するではレストラン全体の雰囲気をバランスよく維持できない上，レストランに対しても苦情や不満を噴出する顧客が現れるかもしれない。現場責任者が誕生日お祝いのグループを個室に誘導するか，個室のないレストランでは，ホールの中心から離れたテーブルに移動させるのが考えられる。当然なことで，このようなことを事前に予見して先手を打つことはな

おさら大事なのである。すべての来店顧客に満足して退店してもらうのが現場責任者の役割でもあれば使命でもあるからである。

　さらに，万一重大なトラブルなどがある場合に備えて，複数店舗やチェーンオペレーションで事業を展開する規模の大きい企業はリスクマネジメントの視点から緊急事態に対応するための当直重役の指定や経営陣に直通できるホットラインのような連絡手段の用意も必要である。なぜならば，エンカウンターで起きる些細だと思われる出来事が企業のイメージダウンにつながる恐れもあれば，経営が追い込まれるまでになることの発生もあり得るからである。

４）サービスエンカウンターと外部への情報源効果

　前述の事例は室内のレストランではあるが，それは決して密室のような空間ではない。仮に，その場は密室のような場所であっても，その場に居合わせた各々の顧客はそれぞれの家族や親せき，知人や友人，同僚や仲間などを有する。こうした人間関係のつながりはサービスエンカウンターの間接の関係者であるとサービス企業が意識する必要がある。エンカウンターを離れると，サービス商品を購入して消費した顧客は必ずどこかで上記の人々に会う。そこで，C・Pの言動や受けたサービス商品の品質や満足，または不満や苦情などを何気なく雑談や普通の会話として交わされる。

　マーケティングには，情報源効果[10]という手法がある。情報源効果とは，他人や一般大衆に対してメッセージを伝える時に利用するメディアや送り手がもたらす効果である。マーケティングでは，マスメディアを利用して大々的に広告するのは一般的ではあるが，最も効果的と言えば，受け手と密接な関係を有する人々からの言い伝え（口コミ）[11]だと言う。サービスエンカウンターに居なかった人は，そのサービス商品を経験した人と親密な関係があれば，多大な影響を受けることになる。

　サービス商品をまだ受けてない人は，経験して満足した顧客の口コミからプラスの影響を受け好感を持つことになり，そのサービス企業の新規顧客になる可能性は非常に高い。しかし，経験して不満足した顧客の口コミを受けた場合

は，残念ながら，その企業に一度も足を運んだことなく，サービス商品を購入し消費するための来店はなくなる可能性も非常に高い。いわゆる「グッドマンの法則」[12] と呼ばれるアメリカの消費者調査で分析した結果でもあるように，他人に不満足の経験を伝える効果は満足した顧客からの言い伝えより倍の効果がある。このために，エンカウンターに臨場することがないままこのサービス企業の悪いイメージを植え付けられ，結果的に潜在顧客になりそうな人はこうした情報源効果で消滅してしまうことになりかねないのである。

　要するに，サービスエンカウンターはサービス商品の生産と消費の現場ではあるが，決して孤立的な場所ではなく，その場に居合わせたC・PとCのほか，周辺のサブエンカウンターからも影響を受ける。さらには，エンカウンターでサービス商品の消費を経験した人が持つ人間関係ともつながるため，最悪の場合，非好意的口コミによるマイナスな情報源効果がサービス企業の存続までにつながりかねない。また，第8章で検討するが，高度情報化時代では，こうした口コミはネットワークを通じてこれまで考えられないほど迅速に広がることとなり，情報源効果はさらにサービスエンカウンターの間接の関係者からも大きな影響を与えられるのが確実である。

3．サービスの品質評価とサービス満足

　本章の冒頭で述べたように，物的商品は，いわゆる外形やデザイン，サイズや色彩，性能や仕様などのスペックと言われる物的要素が多いため，商品品質は簡単に確認ができ，評価するのもわりと容易である。しかし，サービス商品は，非物的要素が主とするため，物的要素があっても付随的性質が多い。また，サービスエンカウンターで提供側と受入側の相互作用によってサービス商品が完成されるため，その品質は生産・提供する側と購入・消費する側のどちらかの一方によっての評価とも客観的ではないと言える。

1）サービス品質評価の2つの側面

　サービス商品を評価する時に，前掲の図5−1で図解したエンカウンター構造で考えると，提供側と受入側の両側面から評価するのはより合理的であるが，図5−3で示されたように，いくつかのサブエンカウンターにその他のC・PとCの相互作用もある。さらに，サービス商品の生産と消費に係わる関係者をより広く考えると，前節も述べたように，現場責任者や企業経営者，そして，顧客と人間関係を有する多くの人々もサービス商品の品質と係わってくる。

　図5−4はサービス商品品質を評価する構造の1つで，第2章で紹介した北欧の代表的サービスマーケティング学者グルンロース（Grönroos, Christian）の見解[13]を示している。グルンロースは，サービスエンカウンターで相互作用するC・PとCのそれぞれの主観的要素を排除し，より客観的サービス商品を評価するには，サービス商品の「技能的（technical）品質」側面と「機能的（functional）品質」側面からの評価が重要だと主張している。

　グルンロースの言う「技能的品質」とは，顧客はサービス商品の生産・消費プロセスへの参加を通じて，提供側からサービス成果（Outcome = What）そのものを手にする。一方，「機能的品質」とは，サービスの生産と消費が同時に進行するプロセス（Process = How）ではサービス成果に影響を及ぼし得るC・

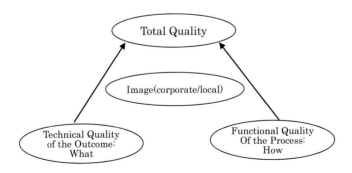

図5−4　サービス品質評価の2つの側面

出所：Grönroos, Christian（1990）*Service Management and Marketing*, Lexington Books, p.38.

PとCの双方からの主観的要素も含まれる。

　前者は，主としてサービス商品を提供するC・Pの技能によってCが求めるサービスそのもので，サービス商品の「核心価値（「何＝What」）」である。後者は，サービスの生産に顧客も参加するので，生産・消費プロセスでC・PとCとの相互関係やサービス商品の生産と消費に係わる方法や形態（どうやって＝How）などである。これは，顧客がサービス商品の核心価値である「何」を得たのか，またはサービス商品の生産・消費プロセスで「どうやって」得たのかとの2つの側面から特定のサービス商品を評価する考え方である。こうして「技能的」側面と「機能的」側面に基づき，生産され消費されたサービス商品の品質を図5－4の評価構造の頂点で表す総合的品質（Total Quality）として評価される。そして，前掲図5－3の複数の下位のサブサービスエンカウンターがある場合，サービス商品を評価する構造も複数になり，それぞれのサブエンカウンターが影響し合うことを通じてサービス商品に対して総合的品質評価ができる。

2）社外顧客の消費満足

　物的商品は，市場調査で入手したデータの処理・分析による市場潜在規模や消費需要などの予測に基づき，製品の生産計画が決定できる。大事なのは安定提供できるように，市場投入する前に製品の生産数量は予測した市場規模を下回らないことである。また，市場投入後の品切れがないように必要な在庫を保有するが，ライバルの存在もあるため，過剰生産もすべきでない。そしてまた，タイミングに遅れることなく製品あるいは商品を小売店頭に配送して来店する最終消費者に小分けして販売する。

　また，製造業や物販業では，「お客様は神様」[14] のようなスローガンもあるように，顧客は自社の製品または自店の商品を購入し消費するので，企業にとっては最優先に満足させる存在である。ところが，サービス業の顧客は製造業や物販業のように，物的商品を購入してそれを消費するだけのような単純なやり取りではない。

　サービス業では，エンカウンターで生産され・提供される前，サービス商品
は，前述のように，企画部門がデザインした青写真のようなイメージしかな
い。そのイメージをエンカウンターで顧客Cの生産参加[15]を通じて体験し実
感できるような具現化が必要不可欠である。サービス業のCは消費者であり
ながらも生産者の役割も同時に兼ねている。Cは自らサービス商品の生産プロ
セスに参加すると同時に生産されたサービス商品をその場で消費するという特
質からでも，いわゆる神様扱いで済むことにはならない。

　また，サービス業は，製造業や物販業と同様ように，サービス商品を購入し
消費する顧客Cの最大な目的は自分の需要が満たされる。サービス業の経営
者も自社や自店のCとの相互作用を通じてCに提供したサービス商品に満足
を感じてもらう。但し，サービス企業では，製造業や物販業との状況は異なる
ものがある。満足したCは，その満足を好意的に記憶し，繰り返し体験する
ため再度同じサービスエンカウンターに臨場する可能性が非常に高い。

　サービス業の顧客満足は提供されたサービス商品に対する評価で，サービス
商品を評価する基準は図5－5のように2つの側面があるが，いずれも「満
足」と「不満足」との二通りの結果がある。1つ目の側面とは，それはサービ
ス商品に対するCの期待と実際に消費したプロセスでの経験と対比した結果
である。期待よりも経験のほうが大きい場合は，サービス商品に対する顧客満
足と言う。それは，サービス商品の生産・消費の相互作用の結果でもあるが，

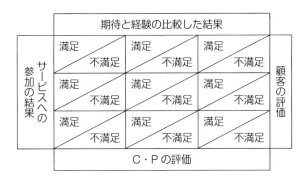

図5－5　顧客満足評価の2つの側面

主に提供するＣ・Ｐの技能や成熟度などによって評価される。

　もう 1 つの側面は，サービスに対する知識や事前情報は，サービス商品生産の顧客参加と，サービス商品に対する満足度とは正比例になる。サービス商品に関する知識が豊富で事前の情報収集も積極的Ｃは生産と消費での相互作用はスムーズに行われ，心理的満足度も高い。一方，知識が乏しく事前情報収集にも思う通りにできなく，また，サービス商品の受け入れは全く経験がなかった場合は，サービスエンカウンターでのＣの戸惑いが多い。

　サービス商品の品質評価は図 5 － 5 のように，基本的 3 通りあると考えられる。① 両側面でも「満足」を得る。② どちらか 1 つの側面で満足を得る。③ どちらも「不満足」と感じる。重要なのは，「サービスへの参加の結果」という側面では，サービス商品の知識が乏しく事前の情報も十分に入手できなかった顧客Ｃの多くは不満足と感じる。しかしながら，Ｃは決してその失敗は自分に原因あるとは認めたくない。また，サービスの品質評価では，前述の「お客様は神様」ではなくても，基本的に消費したＣが決めることである。

　レストランでの食事の各サブエンカウンターで起きる様々な出来事はサービス商品の品質評価の「真実の瞬間」(Moments of Truth = MOT)[16] にもなり得る。サービス企業やサービスエンカウンターでは，Ｃ・Ｐが状況を確かめながら，生産・消費の相互作用の相手であるＣに対して，物販業の消費者教育のように，必要な知識や関連情報を適時適所で適切な提供も必要である。

3 ）社内顧客の職業満足

　サービス業は，総合満足を目指す産業[17] で，顧客満足は企業経営の最優先に達成すべき目標ではあるが，エンカウンターでサービス商品を実際に生産し提供するＣ・Ｐにも士気向上[18] のための満足が必要である。

　Ｃ・Ｐはサービス商品の生産と提供では欠かせない「接客要員」で，生産と提供のキーマンである。他方，Ｃ・Ｐも人間で，仕事を通じて自分なりの満足を求める。前述のように，Ｃ・Ｐはサービス業の社内顧客でもあり，製造業や物販業では，従業員の職場満足のようなＣ・Ｐの職業満足が不可欠である。

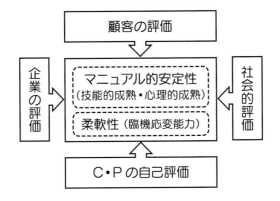

図5－6　C・P評価の諸側面

　図5－6のように，C・Pに対する評価は多面的・総合的に行われる。C・P
はこれらの評価で自分の職業満足を実感する。C・P評価に諸要因があるが，
その核心はサービス商品の生産・提供の「安定性」と「柔軟性」である。C・
Pに対しては，主として顧客から，企業から評価されるが，C・P自身も自己
評価を行う。

　C・Pに対する社会的評価とは，多くの顧客からの評価を集約した結果で現
れるC・Pに対する社会的イメージでもある。あるC・Pに対する顧客の評価
が高ければ高いほど，そのC・Pは士気が高くなり，仕事への意欲も高くな
る。さらに，サービス商品の生産・提供技能も磨き続け，より高いレベルに成
長していく。もしも評価は高くなければ，そのC・Pが仕事を続ける自信さえ
失ってしまうこともあり得る。しかし，C・P自身の的確な評価は自分の職業
満足には重要で仕事での過失や失敗から立ち直ることもできる。

　顧客との協力[19]でサービス商品が生産・提供されるサービスエンカウン
ターでは，C・Pには顧客のニーズをウォンツに変え，つまり，顧客の明確で
ない潜在的欲求を明確な顕在的需要に変えてもらうプロフェッショナル的意
識[20]がある。エンカウンターでの自分の役割がきちんと果たしているかどう
かは，自らの職業満足に関わる一大要因である。

一方，エンカウンターではC・PがCと接するだけではなく，現場責任者ないし企業経営者（中小企業の場合[21]）などの社内関係者にも直接または間接に係わる。したがって，C・Pの職業満足とは，自分の仕事に対するCからの対等立場での公正な評価のほかに，自分の仕事能力と成熟度に対する社内の適格かつ公平な評価にも大きく影響される。同時に，サービス商品の生産・提供に対してCの評価が総合的に社会的イメージになる期待もあるし，勤務先の企業に対する社会的評価についても自分を評価する要素と見做す。

多くの場合は，サービスエンカウンターで，C・Pは「持ち場」のような決められた場所で独自にCと接するため，製造業工員のように，仕様書にしたがって，生産工程で真面目に働きさえすれば良い従業員だと評価されるとは大きな違いがある。エンカウンターでのC・Pは生産・提供では，プロセスで自分の技能や熟練程度に合わせながらCが求めるサービス商品提供に失敗しないように注意し，商品のセールスポイントを顧客に鮮明に感じさせるなど生産・提供を実施する場で戦術的な工夫も必要である。さらに，熟練になればなるほど，Cへの対応の柔軟性も問われる。サービスの異質性から見ても，個々のCに対しそれぞれの個性的需要に応えられる臨機応変[22]できる対応力が求められる。

4）企業経営者の経営目標達成満足

総合満足産業を目指すサービス業では，顧客満足とC・Pの職業満足の同時達成ができたとしても，経営者としてそれだけでは不十分である。企業の利益追求目標の達成[23]も経営目的である。サービス企業は顧客満足をさせると同時にその対価として，提供に係わる人件費などを含む経営コスト，それに営業利益なども上乗せる金銭的代金を請求する。これは，経営目的でもあり，非難すべきでもなければ，企業自身の満足には必要で必然な結果である。また，さらなる成長を目指して，有能なC・Pの獲得と人材維持は安定して継続的サービス商品の提供ができるのも，実現すべき利益追求目標の達成である。

国公有や民間経営に関わらず，企業経営では，初期投下資本に対して，元本

の回収（リターン）はもとより，それ以外に増殖した金銭的企業収益獲得のための
もう 1 つの目標は，経営者のみならず株主などのステークホルダーの期待
への応えでもある。さらに，現代的経営では，サービス企業に限らず，事業を
通して利益追求の目標達成だけでは経営目標の達成とは言えない。

　日増しに激しくなっている買手市場での競争で勝ち残れるため，企業の所有
形態や企業規模，業種や業態などにかかわらず，いかなる企業であっても前述
した利益追求目標とは別に，もう 1 つ，企業の成長つまり企業規模の拡大とい
う成長性目標 [24] がある。企業規模の拡大には少なくとも 2 つの側面からその
メリットを見ることができる。まずは，規模の経済性 [25] メリットである。次
には，ポートフォリオ効果 [26] をもたらし，企業競争力や経営力，さらには，
資金力や技術力の拡大にもつながる。この 2 つの側面の経営目標がともに達成
できることは，経営者満足または企業満足である。

5）サービス商品提供の持続を可能にする総合満足

　サービス業は総合満足を目指すべき産業であるとは，言い換えれば，サービ
ス商品の生産と消費の関係各者のいずれも生産と消費を通じて各自に利益また
は利得あるように期待する。サービス業では，顧客をはじめ，C・P もサービ
ス企業経営者も皆が満足すること（総合満足）の必要理由は同じサービス商品
の生産と消費は続けられることにある。

　サービス商品の生産と消費は物販業の売り手と買い手の取引のような単純な
関係ではなく，より複雑な人間関係が絡まれる。直接に関係する提供側と受入
側，間接関係のエンカウンターに居合わる他の顧客と現場責任者，そして，以
上の関係者と人間関係を有するその他の人々，等々，まとまらないように見え
る。この項では，以上の多くの関係者の間の総合満足について検討する。

　まず，直接に関係する提供側と受入側の双方の満足については，人間関係ま
たは取引関係では，ウィンウィン [27] という考え方がある。特にビジネスでは，
これは非常よい発想だと言わざるを得ない。もちろん現実に，取引の両方がと
もに勝つということはあり得ないが，1 つの事柄に対して求めるのは違うため，

互いに得と感じたとの結論はあり得る。例えば，小売店では，ある人は最新型スマホを高い値段で買ったとする。本来，高く買ったため手持ちの現金が大きな額で減らされるので得だと考え難い。一方，売り手はライバルがまだ売ってないかもしれない最新型スマホの手持ちは1つ減ったことも得とは言い難い。

　ところが，着目点が変われば，両方とも得することになる。買い手は現金よりも最新型のスマホが自分の仕事や生活に必要なのでぜひとも欲しくて探しまくっている。一方，売り手はスマホをこのまま持つよりもそれを現金に換えて次の仕入れができ，儲かった分も入れて商売の規模は拡大する。

　自由経済の市場では，交換または取引関係のある各側が対等である。何かを手に入れようとすれば，必ず何かを手放さなければならない。そして，自分の欲しがるモノの入手ができたということは，それは得したという。したがって，この取引は，両方にとっても利益または利得のあることになる。

　サービス商品の取引に関して，提供側と受入側の双方では物販業の売り手と買い手とは類似するように見えるが，エンカウンターでは，顧客はサービス商品の購入・消費が欲しくて代金を払ってすぐにも商品を手にすることはできなく，商品の生産まで協力する必要がある。また，この場でサービス商品を生産・提供してくれるのは企業ではなく，企業に雇われるC・Pである。したがって，サービス商品の取引では，図5－7が示しているようなサービス商品の生産と消費に係わりのある三者間の利得関係が生まれてしまう。

　図5－7の中心に記している総合満足とは次のように理解することができる。

　顧客Cは企業または経営者Mからのサービス商品に関するメッセージを受け，消費する意欲が湧いた。この時点では，Mの事前情報に満足があった。そして，Cはサービス商品の購入・消費するため，サービスエンカウンターのMの店舗に臨場し，サービス商品生産・提供を担当する接客要員C・Pと出会った。C・PはまずMが決まったマニュアルにしたがって，Cの要望を受け，サービス商品の生産・提供を始めた。Cは自分の嗜好や拘りもC・Pに伝え，要望通りに対応してくれた。生産と消費はスムーズに終わり，Cは大満足して

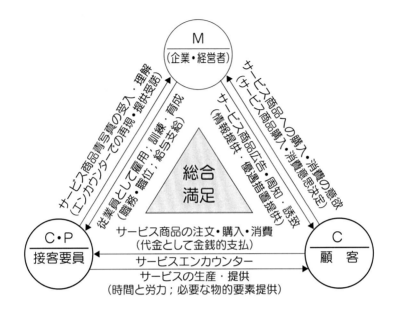

図5−7　サービス商品生産・消費に係わる三者間の利害関係

C・Pに謝意を述べ，Mも高く評価した。

　C・PはCに高く評価されCとのサービス商品の生産と消費での協力に満足し，さらにMからもCの高い評価を知り，自分の職業に対する満足につながる。利益追求する企業であるMはCのような評価が増えてくると，事業は増収増益になり，企業経営が順調に運び事業は拡大していく。

　以上の分析のように，サービス商品の生産と消費を通じて，必ずしも順番付けではないが，顧客Cも，接客要員C・Pも，企業Mも，三者はいずれも満足する結果があった。顧客満足はC・P満足の士気向上の要因となり，サービス商品の提供技能もよりよくなる。また，顧客満足の結果は企業満足にもつながり，満足した企業は顧客によりよいサービス商品の新規開発や提供の質をさらに高めるなど意欲が高まる一方になる。こうしたように，企業経営もサービス商品の提供にもよい循環が働いている。

　当然のように，以上の各プロセスはすべてでなくても，一部分にも不満足な結果になると，前述のよい循環が絶ち切られ悪循環となり，結果は顧客の店離れとなり，従業員も売上が減ったので仕事がなくされることもあり得る。サービス産業の激しい市場競争の中では，こうした悪循環は企業が破産するか廃業するかになりかねない。

【注】

1）出会いはサービスの生産・提供そして消費のプロセスを可能にする基礎である。たとえ，第8章で検討するネットワークを通じて提供されるインターネットサービスでも，提供側と受入側がネット上で出会うことができたから，そのサービスの提供と消費が可能になったわけである。

2）サービス業では，サービス商品の提供係を「店員」と称するのが多く，英語は"contact personnel"である。サービスマーケティングでは，「接客要員」と翻訳され，C・Pと略称される。第4章注釈15）も参照。

3）ニーズ（needs）は顧客が必要とするものだが，具体的には決まってない。ウォンツ（wants）は顧客の具体的要望で，是非とも達成したい欲求とも言う。サービスエンカウンターでは，ウォンツをはっきりするCへの対応が簡単でC・Pはそのウォンツを満たせればよい。しかし，ニーズしか持ってないCに対しては，C・Pはそのニーズをウォンツに変えてはじめて具体的なサービス商品の提供ができる。

4）サービスマーケティングでは，最終にサービス商品を購入する人を消費者というよりも顧客と称する。消費者と顧客の違いとは，顧客は商品を実際に購入する人に対し，消費者はそれを消費する人である。顧客と消費者は異なる人間もあり得る。例えば，プレゼントを購入して友人に贈るということは，購入したのは顧客で，プレゼントをもらって使用する友人は消費者である。

5）国際標準化機構（ISO International Standard Organization）のISO14001: 2004（環境マネジメントシステム）の項では，製品（product）とは，プロセスの結果であるとされ，サービス，ソフトウェア，ハードウェア，素材製品に分類される。

6）サービス商品の生産には物的商品要素があるが，モノのような製品規格がなく，既製品として仕上げることもできない。サービス商品のデザインはプロセス設計図のような「青写真」またはドラマの「台本」のようなシナリオに過ぎない。さらには，最終商品

の品質保証のため，モノづくりのように，生産ラインでの商品品質を検査することもできない。

7）社内顧客のコンセプトは，サービスマーケティング研究では，物販商品と比較して，サービス商品の最大な特徴であるとも言える。つまり，サービス商品は，エンカウンターで最終消費者である顧客に販売する前には，まず，社内のC・Pに購入してもらい理解・消化して，エンカウンターで失敗することなく顧客に提供するようになってもらう必要がある。浅井慶三郎著『サービスとマーケティング』（増補版）72-73頁を参照。

8）サービス業のC・P満足については顧客満足の条件でもある。詳細については，浅井慶三郎著（2003）『サービスとマーケティング』（増補版）同文館，131-132ページを参照。

9）これに関しては，Grönroos, Christian（1990）*Service Management and Marketing*, Lexington Books, p.38 を参照。日常生活では，同じサービスエンカウンターでいくつかのサービス商品の生産と消費が同時に行われる事例も多い。例えば，劇場やレストランの個室以外のフロアー，電車，乗合バスなどのサービスでは，顧客同士のやり取りも隣りに居合わせた顧客と影響し合い，その場の雰囲気全体までに及ぼす。

10）情報源効果（information effort; source effort）とは，広告など利用する媒体に対する大衆の信頼度によって，広告のメッセージに対する一般消費者の認知度や信頼度などの効果は変わり得る。サービス企業では，テレビ・ラジオ・新聞・雑誌の四大マスコミの利用もできるが，エンカウンターで受けたサービス商品を高く評価して，そのサービス商品に対する大変満足した顧客は自分と関係を有する人々と接する際にはさり気なくそのサービス商品の良さと自分が満足した経験などを会話や雑談で伝えるという口コミ（Word of Mouth = WOM）は最も信頼できる情報源だと考える。注釈11）も参照。

11）情報の送り手は，広告に良く使用される電波・印刷媒体などが主流ではあるが，口コミ的な情報源ではやはり広告にもよく登場する好感度のよい有名人などのキャラクターや語り手の影響力が強い。第7章で議論するように，「信頼的属性」の強いサービス商品では，すでに経験した人の中でも情報の受け手が信頼できる親戚や友人などほど情報源効果が高い。

12）グッドマン法則とは，アメリカ消費者問題局が1975〜1979年の間，そして1982年，2回にわたって「アメリカにおける消費者苦情処理」を調査し，データを処理・分析した結果，3つの法則を見出した。それは，1）不満の申し立てで解決に満足した消費者は不満を申し立てしなかった顧客より再利用率が高い。2）不満足した顧客の口コミの影響は満足した顧客より2倍も強い。3）企業に対する信頼度の高さと好意的口コミは企業のイメージが高くなり，市場拡大に貢献する。因みに，同調査及びデータ処理・分析した企業（Consumer Complaint Handling in America）の代表者の名前はグッドマン

（Goodman, John A.）であるため，名付けられた。

13）サービスの品質に「技能的」と「機能的」との2つの側面があるという考え方は，グルンロースが1983年に率先して提出したものである。Grönroos, Christian（1983）*Strategic Management and Marketing in the Service Sector*, Cambridge, Mass: Marketing Science Institute（In U.K.: Bromley: Chartwell-Bratt and Studentlitteratur）

14）「お客様は神様」を提唱したのは松下幸之助ではなく，三波春夫であった（三波春夫著『歌藝の天地』PHP研究所，1984年を参照）。松下幸之助は「お客様は王様」だと主張していたと言われる。これは今日のような消費者権利を当たり前に認められている以前の1960年代までに消費者被害が多かったことは時代的背景があることを忘れてはならない。

15）サービス生産の顧客参加は，企業の提供されたメニューの中からサービス商品を選び注文するだけではなく，注文したサービス商品を生産し提供するC・Pに対して，個人的好みや拘りなどの情報提供とともに，提供されたサービス商品を消費することも含まれる。浅井慶三郎著（1989）『サービスのマーケティング管理』同文館，13-15頁。

16）サービス商品の品質評価はいわゆる第三者の客観的評価よりも，基本的にサービス商品を受入れた顧客の評価が基準とされる。顧客はサービスの生産と消費プロセスでサービス商品の生産へ参加しながら，同時に消費してそれぞれの段階で品質評価を下る。このそれぞれの段階は「真実の瞬間」とも呼ばれる。顧客満足につながる「真実の瞬間」を提唱したのは顧客満足を確かなものにし，わずか1年で赤字企業の再建に成功したスカンジナビア航空（SAS）グループのCEOだったヤンカールソンである（Carlzon, Jan）（JAN CARLZON（1989）, *MOMENTS OF TRUTH*, Harper Business）。なお，日本語版は，堤猶二訳（2005）『真実の瞬間』ダイヤモンド社を参照。

17）サービス業の総合満足とは，顧客満足のほか，C・P満足も，企業満足も総合的に達成することである。サービス業では，顧客満足だけでは事業が続かないので，社内従業員の満足は不可欠である。企業管理の人事労務管理や人的資源論などの研究もあるように，従業員の職場満足というコンセプトは普及されている。浅井慶三郎著（1989）『サービスのマーケティング管理』，49-50頁を参照。

18）経営学またはマーケティングでは，士気向上は「士気高揚」とも言うが，向上は外部要因などで受身的に高められることで，高揚は内部の意思で能動的に高まることである。能動的C・Pを否定しないが，満足したC・Pは士気が高くなるのは外部要因に刺激されたので，「士気向上」を使用する。

19）サービスエンカウンターでのC・Pと顧客の協力とは，顧客の潜在的ニーズを顕在的ウォンツに変えると同時に，顧客の具体的嗜好や拘りなどの要望を受け入れ，サービス

商品の青写真を修正しながら生産・提供を実施することである。一方，顧客が企業の提供できるサービス商品の注文やC・Pの能力を超えないように個性的要望を注文することはC・Pに対する協力である。これは，決してC・Pやサービス企業への妥協ではなく，サービス商品の消費を通じて自分の満足度を高めるためにも重要な考え方である。

20) サービス業では，正社員に対してパートタイマーやアルバイターのようなC・Pの比例が圧倒的に高い。かと言って，顧客は，決してサービス提供者はパートだからアルバイトだから，レベルを下げても受けるつもりはない。同様な料金を支払う以上，パートやアルバイトだからと言って，正社員と同等レベルのサービスを求めないとは考えていないのも当然である。一方，パートやアルバイトでもプロフェッショナル的な意識で接客するならば，顧客から高く評価される。

21) 国内のサービス業を含む全産業の99％以上の企業は中小零細企業であるのも事実なので，いわゆる企業規模拡大の成長性目標は一概には言い難い。しかし，現在の大企業の中でもかつては中小零細から起業した事例も少なくはない。特に，高度情報化がさらに進んでいる現代社会では，インターネット関連企業の多くは10〜20年間にかけて小規模・零細企業から大企業に成長してきたケースも多い。

22) 臨機応変能力は決して一朝一夕でできるものではない。サービスエンカウンターで臨機応変できるまでは，まず，サービス商品提供に最低限必須のマニュアル的技能を身につける必要がある。いわゆる「臨機応変」はベテランと称される技能的にも心理的にも成熟したC・Pができることである（第8章1節も参照）。

23) 指摘しなければならないのは，利益追求は決して営利企業だけの目標ではない。NPOやNGOと称される非営利組織も事業活動を通じて利益獲得のために組織の資源や組織力を投じる。これは，法的にも保障されるNPOの権利の1つであるが，ただ，NPOの場合は，獲得した利益であるリターンを次の事業資金として投入する。組織関係者の間の余剰金分配は認められない。

24) 企業の経営目標については，利益追求の「一元説」もあれば，マーケティングの目的，生産性の目的，革新の目的，モラール向上の目的，収益性の目的のように，「多元説」もある。占部都美著（1986）『経営学入門』（改訂版）中央経済社，119-122頁を参照。

25) 規模の経済性（scale merit）とは，一般に製造業の場合，生産規模の拡大によって，原材料購入や労働者の技能熟練などによる生産コストが削減できることを指す。サービス業でも，サービス商品の繰り返し提供によるC・Pの技能熟練によるコスト削減ができる。また，企業規模の拡大による業界シェアや市場シェアの拡大による増収増益の可能性もあり，業界への影響力も増すことになる。

26) ポートフォリオ（portfolio）は，本来，分散投資による金融資産構成がリスク回避でき

るような手法であるが，企業経営やマーケティングでは，多角化戦略もポートフォリオ効果がある。多角化は，企業の規模拡大に避けられない方向ではあるが，多種多様な分野に事業を展開すると，企業はより競争力あるように成長していくと同時に，不確実な経済環境での経営リスク分散機能も有する。

27) ウィンウィン（win-win）とは，アメリカの経営コンサルタントであるスティーブン・リチャーズ・コヴィー（Covey, Stephen Richards）が『7つの習慣 成功には原則があった！ 個人，家庭，会社，人生のすべて』（ジェームス・スキナー著・川西茂訳，キング・ベアー出版，1996年12月参照）で主張したある取引で関係する双方とも利益がある最良の結果を言う。しかし，1つの出来事に関係する両方とも勝者になるという考え方は現実的ではない。1つのことに勝者と敗者はゼロサム理論で証明されるように，ともに勝者になるのが不可能である。ところが，1つのことに異なる側面があるため，目指すことが異なるのであれば，同時に自分の目標達成が可能である。Nakahara, Ryuki (2012), "Partnership Marketing in Globalization", *Global Marketing Conference Proceeding,* Seoul, Korea, 19-22. を参照。

第2部

サービスマーケティング

第6章

マーケティング手法とサービス商品への適用

　サービスマーケティングはマーケティング手法のサービス分野での適用でもあるので，サービスマーケティングをする前には，マーケティングについて概要的にも整理して見る必要がある。

　マーケティングは19世紀末葉，1880年代のアメリカでコンセプトが形成したと言われるが，マーケティングの学術研究は20世紀に入ってからである[1]。本書は決してマーケティングを議論していくのでなく，マーケティングの理論や学派などに関する分析は論及するつもりはない。

　本書の第2部はサービス業に適用されるマーケティングとそれに伴う諸問題を検討・分析する。サービスマーケティングに関する代表的理論分析，戦略立案や戦術実施，ビジネス事例などの分析は，第7章以降に行う予定である。

1．マーケティングと戦略的ミックス

　マーケティングは，カタカナ語で文字本来意味を有する漢字の表現ではなく，辞書によって説明も別れるように，社会一般では，理解不十分なことが多い[2]。また，サラリーマンや企業経営に携わるビジネス専門家の間にも考え方や見方が分かれることもある。しかし，サービス商品の分析では，マーケティングに関する基礎的認識や，サービスに適用するには注意すべきところなどについて，適切な理解が必要なので，マーケティングとその戦略的ミックスについて概要的に整理する。まず言うべきは，マーケティングは「販売」または「営業」といったような簡単な単語で言い換えることはできない[3]。また，本節の紙面だけでマーケティングを詳細に分析すること自体も不可能に近いが，

次では，マーケティングコンセプトとマーケティングミックス及びマーケティング戦略について要約的に検討する。

1）マーケティングの基本的コンセプト

　マーケティング発生の要因とは，19世紀末のアメリカにおいて，国土拡張の「フロンティア」（frontier）[4]はカナダに接する北部地域や太平洋に面する西海岸のカリフォルニア州に到達すると終結し，アメリカ国内市場が飽和状態となり，それまで国土の拡張に伴い次々と新規開拓された土地で広げた新たな市場シェアを手にしていた個々の企業にとっては，さらなる市場シェアの拡大は，他社と競争して相手のシェアを奪い取るしか方法が残らなかった。このために，初期マーケティングは他社との競争に勝ち取ることが目的であった。また，競争他社を同業界，または同分野から追い出すことも目指していた。

　20世紀初頭になると，自動車メーカーフォードモーターズ（Ford Motors）のような大量生産体制[5]がアメリカで確立したばかり，大量に産出された工業製品を大量に販売できる手法に対する要望が強く，流通経路効率を高めることは初期マーケティングの最大な課題であった。

　第二次世界大戦後のアメリカや西ヨーロッパでは，平和的社会環境のもとでマーケティング手法をフルに活用した企業が生産規模を拡大し続け，それまであり得ないような多種多様な製品を大量に産出された。工業製品の大量産出に支えられ，工業主導の経済成長も戦後の好景気をもたらし，第1章で述べた豊かな社会が欧米諸国にわたって急速に広がった。時代は，いかに無駄を省き，いかに生産性を高め，いかに市場を拡大していくのはマスマーケティング[6]の重要課題となっていた。代表的マーケティング手法と言えば，マネジリアルマーケティング[7]であった。

　景気拡大と消費生活の向上による消費需要を自社の業務成果につなげさせようとして，生産コストダウンを中心に成功を収めた製造業の事業規模の拡大は急速で著しかった。しかし，それと同時に，2つの側面での社会問題が注目され始めた。1つは高圧的押し売り励行の企業はマーケティングのデメリット起因

での消費者被害であった。もう１つは能率最優先で工業化社会の急成長が背景
に先進国で蔓延し始めた環境破壊問題である。

　そこで，マーケティング手法への反省とマーケティングコンセプトの再考が
ビジネス実践でも理論研究でも求められた。当時は，マーケティング手法を悪
用する企業経営に対する社会的批判を反映した流れも２つあった。１つは，消
費者被害に関する社会的批判に応えるべく，第 35 代アメリカ大統領ケネディ
（Kennedy, John. F）が国会教書で提起した「消費者の４つの権利」[8]をはじめ行
き過ぎた企業活動とマーケティング手法のデメリットに対して社会的監督や制
限を始めようとする動きであった。

　もう１つは，今日の企業経営理念に組み入れるように経営者が率先して実践
すべき課題で，人間社会や自然環境などに対して持つべき社会に対する責任意
識である。企業は良き市民の一員として社会に危害を与えないのに止まらず，
自然環境保護や社会福祉向上にも貢献すべき企業経営の倫理が提起された。今
日では企業の社会的責任（CSR）[9]と言うが，当時では，主として学術研究
テーマとして，研究者の学術主張としてのマーケティング概念拡張[10]や，企
業の非営利活動や非営利組織（NPO）[11]に対する注目に限られていた。

　マーケティング概念拡張は第１章で述べた工業化社会の衰退とともに，経済
サービス化が台頭し始めた 1970 年代に顕在化してきた営利企業の非営利活動
などに対する本格的な注目から始まった。後には，ソーシャルマーケティング
コンセプト[12]が提起され，マーケティング手法は非営利組織や公益団体など
にも活用されてきた。そして今や行政部門や政治組織，宗教団体など営利目的
としない組織（NPO）にも活用されている。今日では，マーケティングと言え
ば，能率を高める手段や方法にのみならず，社会に対する責任なども含まれる
企業経営や事業運営の有効手法として活躍の場は益々拡大されている。

　一方，第７章で検討するサービスマーケティングの発生も脱工業化に始まっ
た経済サービス化社会が台頭する 1970 年代であった。時代の変遷，経済環境
の動向，企業経営の動きなどをリアルタイムに反映するよう，マーケティング
の概念拡張はサービスマーケティングを含め，マーケティング手法の進化とそ

の他，多くの新分野誕生のきっかけでもあった。

2）マーケティングミックスとその戦略的意義

　市場競争で他社との競争優位を勝ち取ろうとして戦略的に考案され，有効に活用されてきたマーケティング手法は時代と共に進化してきた。事業展開に活用されてきたマーケティング手法の最重要要素はマーケティングミックスに集約される。現在も企業一般の戦略的施策であるマーケティングミックスは，アメリカのエドモンド・J・マッカシー（Edmund Jerome McCarthy）が半世紀以前に最初に提唱したものである[13]。今日でも，マーケティングミックスは基本的に製品，価格，流通経路と販売促進の4Pが実用されている[14]。

　次では，マーケティングミックス4Pを逐一に検討して，サービス商品に適用するマーケティングではどう変化していくのかについて考えてみる。

①　サービス商品（製品）と商品ミックス

　マーケティングの製品ミックスとは，製品の幅（品種の数量）・奥行き（品目の数量）・一貫性（製品の生産または販売の持続）を指す。製品と呼ばれるように，マーケティングは生産者の立場にあることも分かる。製造業では，製品とは，外形やデザインのほか，品質や用途，原材料や加工方法，産地や生産者など人間の五感で確認できる物的要素が最も注目される。物販業では，外形ある製品は売買または取引の対象になる。今日では，製品ブランドや購入後の品質保証として提供されるアフターサービスなども製品の重要内容として消費者に求められる。アフターサービスについては第2章で議論したように，製品または商品そのものではないが，顧客需要が生産と市場供給を左右する今日では，物的商品の重要な構成要素になっている。

　サービスは製品[15]と呼ばれることもできるが，商品と称される場合が多い。サービス商品は無形財と言われ，サービスの可視化も注目されてきたが，すでに検討したように，サービス商品にも物的要素が含まれる。服のクリーニングや寸法直し，電化製品の設置・調整や修理など対物サービスは人間の五感で確

認できるサービス商品の対象になる物的要素が多い。医療サービスのような非物的要素の多いサービス商品も，聴診器や医療器具や手術器具，患者に処方する薬や患部処置なども物的要素が先に問われる。

　サービスの商品ミックスは，製造業や物販業の製品ミックスとの違いも明らかである。それは，サービス商品の生産は顧客ニーズが明確にならないと始まらないので，物的要素部分の事前準備はできるが作り置きなど提供前に生産を済ませるのはできない。また，生産と消費は同時進行するため，サービス商品に対する品質評価もその場で行われ，顧客が満足するのか不満足なのかというサービス商品品質評価の結果もその場で出されることが多い。

　また，サービスの商品ミックスは，物販業のように，取扱商品の幅と奥行きによって戦略的に取り揃えて需要変動に対応するための手持ち在庫もできない。商品一貫性と言えば，サービス企業の大多数は1つ専門的サービスに絞って提供するので，同様なサービス商品を一貫して提供するのが事業継続や経営が長期的に維持できる条件でもある。スーパーや百貨店のような物販業に多くある複合的・総合的に商品を取扱う企業はサービス業ではまれなのである。

②　サービス商品の価格とミックス

　価格は，製造業の完成品，物販業が販売する商品，そして，サービス商品のいずれも必ず購入また受入れる対価として金銭的支払いがあるので，物的商品もサービス商品も金銭によって価格と計算される。しかし，物的商品には形体があり単独に存在できるので，製品または商品に固有の価値が認められる。

　一方，サービス商品は，形体として単独に存在はできないため，一過性性質から在庫もできなく，同時に複数個の購入もできない。また，対人や対物にかかわらず，商品対価の支払いは一般に消費した後が多い。サービス商品の品質評価は難しく，サービス商品を経験した自分の体験や実感，または別の場所や違う時間帯で取得した経験，または類似する他のサービス商品などとの比較しかできない。さらに，注文生産であるサービス商品は大量生産が難しく，物販業が取り扱う商品のような市場相場による高安の比較も非常に困難である。

　したがって，サービス商品の価格ミックスは，製造業や物販業との違いが大きい。物的商品には原材料や部品などに優劣が判別され，産地の知名度や希少性のある原材料などの使用や加工精度，商品外形・デザインなどによって価格の高安にはこれまでの経験や他の類似商品との比較で消費者が納得しやすい。一方，サービス商品の多くは，提供時間や場所，C・Pの技能や丁寧さなどにも密接に関係する [16] ので，個性的ニーズなどの特殊要望によって顧客が高品質の物的要素や提供するC・Pの技能の洗練さなど高品質サービス商品に対し高額の料金支払いも快く受入れる。もちろん，逆に，時間や場所など物的要素の簡素化（セルフ給油や立ち食いなど）を活用してサービス商品の値下げも可能である。

　ところが，サービス商品の価格は前述した提供形態にも係わる。大量に提供できるサービス商品は，駅の売券機や道端の自動販売機，駅内の立ち食いそばやレストランのバイキングなど，いわゆる一対複数形態で提供するサービス商品に加え，自動化で提供すべきサービスの多くが省かれたからである。第2章で議論したように，これらはセルフサービスの範疇に属する。

　最も高価格で提供されるサービス商品は複数対一の形態である。王侯貴族や国賓などに対して提供するセキュリティサービスだけに注目すると，目の前に支払いはないが，国家予算から支出する際は膨大な金額が動くのは我々一般人には知る由もないのであろう。

③　サービス商品の販売経路とミックス

　物的商品は形体があり，極一部を除いて距離的・空間的に自由に移動できるため，消費者に購入しやすいように販売経路の選択と意思決定は，製造業にも物販業にも非常に重要なマーケティング戦略である。物的商品を購入しようとする消費者にも，店舗までのアクセスルートや利便さが来店の決め手になる場合が多い。自宅の近くにあり，年中無休かつ24時間も営業しているコンビニエンスストアにはその利便性で競争優位が不動のものとする。

　小売業の流通経路または販売経路は，よく立地（place）で表すので，これも

マーケティングミックスの販売経路と言うわけである。流通経路や販売経路とは，製造業や卸売業にとっては非常に意味深い。今の時代では，生産地と消費地は遠く離れるのが常識的で，生産物や製品を消費者の手元に届けるルートは幾通りもある。生産者または製造業が物的商品を大量に購入してくれる卸売業に販売する。卸売業は在庫を持ちながら一定のまとめた量で小売業に再販売する。最後に，小売業は店舗を構えながら，自店周辺の消費者に小分けして最終の再販売を行う。これは物的商品の流通経路または販売経路である。

　ところが，第5章で議論したように，サービス商品はエンカウンターでの出会いがなければ生産と消費はできない。この出会いの場は小売業の店舗立地に当たる。サービス商品の生産に必要な物的要素として部分的に流通または物流が必要ではあるが，サービス商品の生産そのものは主として小売業の立地と呼ばれるような固定した店舗のエンカウンターで実施される。

　しかし，サービス商品の販売経路ミックスと言える生産と消費が実施されるエンカウンターは移動することもできる。第8章で検討するネットサービスの商品提供ではないが，多くのサービス商品の提供はサービスエンカウンターを移動させて，店舗立地以外の場所で行われるのも事実である。

　例えば，外食産業のケータリングサービスは，顧客自宅のホームパーティーや企業社内イベントに出張し，その場で食事サービスなどを生産して提供する。また，飛行機の機内食や長距離列車の食堂車での飲食サービスなどもその典型例である。近年では，有名レストランが道の駅や高速道路のサービスエリアに出店しサービスエンカウンターの移動で顧客に近つこうとする。その他に，医者の往診や在宅介護サービス，宿泊施設への出張マッサージや宴会での出張ショータイムなどもかつて小売業行商のようなサービスエンカウンターを移動して顧客が指定する場所でサービス商品の生産と提供を行うことである。

④　サービス商品の販売促進とミックス

　販売促進とは，買い手の購買意欲を刺激して購買行動を引き起こす一連の企業活動である。物的商品では，製品や商品はより速く販売できるように，広告

宣伝をしながら，店頭の人的販売にも力を入れる。また，イベントなどで集客することにも各種の広告利用やチラシ配布などで余念がない。物的商品の販売促進には，優れたデザインや魅力ある外形，品質の良さや機能の多さなど多くの手掛かりがある。例えば，缶コーヒーはその味や香りを宣伝するよりも入れ物である缶の外形や缶に印刷される図形やデザイン，そして文言で他の商品と差別化する事例も多い。

　物的商品の販売促進ミックスと言えば，広告・人的販売・パブリシティの伝統的三大手法のほか，展示会や見本市などのイベントもよく目にする。近年では，インターネット利用や連動する広告，ネットショッピングで商品の直接売買も盛んになっている。やはり場所的・空間的に自由に移動できる形体ある物的商品には販売促進手法も多ければ，販売経路も多い。

　一方，作り置きができず，形体確認がし難いサービス商品にも販売促進が必要不可欠だが，その在り方は物販業とは大きな違いがある。物販業が利用する広告などの販売促進も活用できるが，中小企業が圧倒的多いサービス業では広告に大金を支払える企業がそう多くはない。活用できるインターネット広告はコストが安いが，ヒットしやすいために追加料金などが必要するし，また，顧客が店舗までに臨場しなければサービス商品の生産と消費は実施できない。

　サービス業にとって手軽くて有効な販売促進活動は，エンカウンターでの古き良き人的販売である。生産と消費が行われるC・PとCの出会いの場では，いずれも人間関係に敏感的双方ではあるが，人間関係の良し悪しは生産・消費の結果を影響する。サービス商品にはエンカウンターという立地制限が弱点と見ることもできるが，見る角度が変われば長所になれる。C・PとCの良好な人間関係は満足度が高まり，Cがリピーターになる可能性も高い。

　エンカウンターで満足したCは日頃他人とオピニオンリーダー[17]のようなコミュニケーションで自分が経験した満足感を伝えることもある。また，カメラ付きのスマホの一般化で，ユーチューバーでなくても，満足したサービス商品のワンシーンなどの写メをSNSにアップして他人との共有をしたがるCも増加している。インスタ映えとも言われるようにCの何気ない行動は，店舗

にとっては，実にサービス商品の絶好の販売促進活動である。

　サービス企業は多額の経費をかけて広告宣伝する経済力に限りがある一方，消費者に自画自賛イメージの強い広告の影響力にも限界がある。一方，新聞や雑誌，テレビやラジオなど自社や自店のサービス商品への取材によるニュースや報道，番組や記事はパブリシティと呼ばれ無償であると同時に，前述した情報源効果で潜在顧客の呼び起こし効果が大きい。それはマスコミには事業活動の一環ではあるが，サービス業には信ぴょう性の高い販売促進となる。

　その他，商品効果の実演，飲食店のオープンキッチンやカウンタースタイルなどで調理プロセス実演などいわゆるサービスエンカウンターを活用することもサービス商品の販売促進である。または，製造業や物販業の消費者教育のようなイベント形態を活用して，啓蒙セミナーや実体験など多くの手法もある。

　マーケティングミックスは，製造業にも物販業にも，サービス業にも戦略的意味合いが大きい。物的商品とサービス商品とは大きな違いが見えるが，両方とも物的要素と非物的要素がある。つまり，物的商品であれ，サービス商品であれ，マーケティング戦略の立案・実施に際して，それぞれの商品特質に合わせて物的要素と非物的要素をバランスよく調整してPRすることが重要である。

　但し，サービスマーケティングでは，製造業や物販業に比べると，より多くの要素が必要とされる。詳細な議論は第9章で展開する。

2．物販マーケティングと取引のプロセス

　本節では，物販業の取引とサービス業の取引の違いを比較して，特に取引のプロセスでのサービス商品の特異性について検討する。

1）物販業の売り手と買い手の関係

　人類社会の進化の中，自給自足ながら，生産性の高い家族や集落もある。生産性の向上で余剰物の出現が家族内または集落内の生産や交換などの役割分担が現われる。そこで，家族間・集落間または部落間の物々交換が生まれる。交

換の普及と取引の出現は，生産担当や外部との交換担当のような役割が分離される。このような分離が社会的に広がると，社会的分業が発生し生産と消費が分離される。そこで，商業の発生が必要とされる。

　貨幣の誕生[18]は商業発生と発展の結果でもあるが，貨幣の進化は商業を世界的な普及と拡大に必要不可欠な媒介として今日までに機能してきた。一方，商業の発達は社会経済の規模拡大に貢献したと同時に，交換や取引に係わる人々の役割も属性もはっきりと分離される。経済学では，需要と供給や生産と消費の分け方に対して，マーケティングでは，取引での利益の違いによって，販売する人は売り手と呼び，購入する人は買い手と言う。

　もちろん，売り手と買い手は互いの役割や属性が相反しているが，売り買いの成立には必要な役割分担である。販売する人だけが居て購入する人が居なければ，交換も取引も成り立たないからである。一方，売り手と買い手の目的も相反する。売り手は営利目的で，販売を通じて金銭的利益を得る。対して，買い手の目的は購入を通じて，自分が必要とする価値を手にしたい。

　サービス業では，提供側と受入側もそれぞれ売り手と買い手と言うが，製造業と物販業のような流通経路を経由してサービス商品を販売または購入することはできない。サービスの買い手とは，前述の物販業のような幾つかのレベルの違い（注釈17も参照）もあるが，一言で「顧客」と言う。

　注意すべきは製造業や物販業の売り手と買い手の関係はサービス業のとは異なることである。前者は，電話やファックス，メールやインターネットで仮想店舗を利用して売買の約束ができるし，その後，物流を利用して商品の配送さえすれば取引の完成ができる。対して，サービス業では，繰り返しになるが，サービス商品の売り手と買い手は互いに約束したエンカウンターでの出会いがなければ，サービス商品の生産と消費は実施できない。

2）所有権移転と物流を基本とする物販業

　第三次産業は広義のサービス業とも言うが，第4章の表4-1の日本標準産業分類によると，大分類Fから大分類Tまで15もの産業の大分類が含まれ

る。繰り返しで述べてきた物販業と称される産業は大分類Ｉの卸売業と小売業
に限られた２産業である。この大分類Ｉは他の14の大分類と最大な違いと言
えば，それは売買あるいは取引を通じで物的商品の所有権移転ができ，また物
流の利用もできることである。

　もちろん，大分類Ｋの中の「不動産」売買も所有権が移転できるが，不動
産ならではの特徴で距離的・空間的移動（物理的移動）はできない。また，大分
類Ｆの電気・ガス・熱供給・水道業が提供する電気やガス，熱や水などにも
所有権があるが，形体がはっきりしないため，物流業による物理的移動は困難
である。さらに，大分類Ｇの情報にも所有権があるが，情報と言うものはさ
らに形体で表すことができず，物流の利用もできない。

　したがって，日本標準産業分類の第３次産業には，商品の品種や品目よりも
商的流通（商流）による所有権移転ができ，また，物的流通（物流）も利用でき
る商業の共通性に基づいての分類ともいえる。商業はこうして商流も物流も同
時に利用できるから物販業と呼ばれ，他の産業との根本的な違いでもある。な
お物販業は物流業の支えがなければ存立できないわけである。

　一方，一般に物流業と呼ばれる大分類Ｈの運輸業・郵便業は物流事業を展
開するが，輸送または配送する物的商品は商品と言わず荷物と言うのは，物的
商品を物流で距離的移動するが，商品の所有権を持っていないから，運ぶため
の荷物にすぎず，物販業と分類することもできない。

3．サービス取引とデリバリーの異質的要素

　本節は，エンカウンターでの出会いと協力で生産・消費されるサービス商品
の取引で，所有権移転の可否と物流で移転する可能性を考える。最後に，物流
段階のないサービス商品は生産・提供のＣ・Ｐとそれを購入・消費のＣとの間
の移転はどうなっているのかについて検討する。

1）エンカウンターにおけるC・PとCの出会いと協力

　サービス商品の生産はC・Pが担当するのが疑いなく，消費するのはCであるのも間違いがない。エンカウンターで出会ったC・PとCは，その場で生産と消費を実施するが，サービス商品は何をもって生産が始まり，どうやって消費が終わるのかについて，レストランでの食事を例で考えてみる。

　まず，レストランでの食事の流れを見てみよう。食事のためにCが入店して企業Mが決めたメニューから自分が選んだ料理を注文する。C・PはCの注文を受け厨房に伝える。そして，調理された料理をホールの客席まで運び，食事終わって済んだ食器を裏の洗い場へ下げる。この流れでは，食事の前，C・Pの役割はCから注文を受けて調理を担当するシェフに伝え，調理された料理を客席のテーブルに運ぶ。食事の後は，空いた食器を洗い場へ持っていき，レジでCから食事の料金などを受け取る。

　レストランでの食事というサービス商品の生産と消費のエンカウンターは，レストランのホールである。生産は注文に始まり，料理を食して消費が終わるという同時進行または連続発生のプロセスであるが，生産の始まりには何かが決め手なのか。一言で言うと，C・PとCの「協力」が必要とする。サービス商品生産のきっかけは，顧客の注文であるが，決め手と言えば，それはC・PとCの協力である。

　C・Pの協力はサービス商品に係わる生産を素早く無駄なく実施してCに提供することで，狙いは顧客が満足して退店することである。これは，Cに対するC・Pの協力というよりもC・Pの仕事だから，せざるを得ないのではないかと思われる。一方，CもC・Pへの協力が必要とし，これはC自分の満足をより高いレベルに達成できるための決め手とも言える。Cは，レストランの実態に合わせながら具体的に注文し，個性的要望を言う必要がある。

　例えば，メニューにある料理を注文したが，後に欠品だと伝えられた時に別の料理に変えることは協力である。また，C・Pの能力を超えないような要望を言う。第10章は，サービス商品提供のための人材戦略について検討するが，同じレストランのC・Pだからと言って皆同じ能力があるとは限らない。自分

の要望に応えられないC・Pに直面したCは直ちに怒り出すのはC・Pの満足
に影響するが，サービス商品を消費するC自身の満足にも直接に影響する。
顧客ファーストだから，C・Pに従いもらおうとする態度を取ると，C・Pに
不満足を与えるのは当然だが，自分の気分も損なわれ，満足できなくなる。

　家族での来店あるいは友人との付き合いの来店などでは，本来求める家族団
らんの楽しみや友情を深めようとする狙い，またサービスエンカウンターの雰
囲気がCの横柄な態度で一気に壊されることもあり得る。したがって，サー
ビスエンカウンターでの協力は一方的ではなく，C・PとCは互いによい結果
があるように協力し，互いに満足になるのが最善の結果である。

2）サービス提供に伴わない所有権移転

　エンカウンターで生産され消費されるサービス商品は物的商品と違って，所
有権移転はできないについて，再びレストランでの食事サービスを事例に分析
してみる。レストランでの食事は次の流れになる。

　「メニューから料理を選び・注文 ⇒ 食材下ごしらえ・調理・盛り付け ⇒
　客席まで料理を運び ⇒ 店内で食事 ⇒ 使用済み食器下げ ⇒ 代金支払い」

　因みに，レストランが提供する食事サービスは，注文から始まり，食事が終
わって代金を支払いまでにならないと終わることはない。調理を終えて容器に
入れ顧客が自ら持ち帰るとか，レストランの従業員は電話やスマホで注文し料
理を宅配するとかもできる。但し，それはレストランでの食事サービスでなく
なり，別のサービスになる。料理のテイクアウトサービスまたはデリバリー
サービス，あるいは出前になってしまう。

　なお，レストランでの食事は単なるプロが作った料理を食べるだけで済ませ
ることでもない。来店のCは店舗の外観や店内のインテリア，店内に飾って
いる絵画などの美術品，ユニークなテーブルや食器など飲食サービスの提供に
必要な設備や備品などもサービス商品の品質評価要素になる。Cはこれらの物

的要素を楽しめながら，言葉や仕草なども含めてC・Pの接客対応や仕事態度，同じ店舗内の他のC・Pと他のCとのやり取りなども含めて店内の雰囲気を味わうとともに，プロのシェフが調理した料理を堪能して満足を実感する。こうした物的要素の静的環境の中で非物的・人的要素の一連の動きを総合的に組み合わさったことは，レストランでの食事サービスの全容である。

　しかしながら，このようなサービス商品の取引では，所有権の移転はできない。というのは，何度も来店して，何度も同じメニューを注文し，何度も同じC・Pに接客してもらっても，サービス商品の所有権を買い取ることはできないからである。サービス商品とは，物的要素と非物的要素の組み合わせで，C・PとCの協力でできたものだが，形態ははっきりとしない。所有と言えるものはサービス商品を構成する物的要素に限る。レストランの物的要素はサービス商品の生産と店舗の雰囲気を醸し出すためのツールに過ぎず，小売店で販売する商品ではないので，所有権の移転はできない。

　その他に，物的要素が主とするサービスであっても，所有権の移転はできない。例えば，賃貸マンションに住み続けて20年も30年も経ったとする。賃料はすでにマンションの一室を購入する価格よりも超えたかも知れないが，退去する際は，マンションの一かけらも持ち去ることができない。このマンションを分譲で購入するのでなく，賃貸サービスの居住権しかないからである。

3）物流が省略可能なサービスのデリバリー

　では，サービス商品はどのようにして提供側のC・Pから受入側のCへ移転したのかを考えてみる。物的商品との最大な違いと言うなら，サービス商品の生産と消費には物流がない。また，前項で検討したように，サービス商品は所有権も移転できない。

　「料理の注文」から「代金支払い」までのレストランでの食事サービスの流れでは，物販業の取引で言う物流的機能と言えるのが，恐らく「客席までの料理運び」という動きである。C・Pのこの動きはサービスマーケティングでは，レストランでの食事サービスの「デリバリー」という。

　デリバリーは，物販業の物的商品の物理的移動と区別もあるため，サービス商品に使用する専門用語である。サービス取引では，所有権のないサービス商品ならではの特質で物流と言うプロセスはないが，サービス商品は生産段階から消費段階へ移すというつなぎ的な動きはデリバリーである。

　因みに，宅配専門業者の個人宅や企業も含む指定された注文先への料理配送もデリバリーとも言われるが，宅配とは，もともと店舗を持たずに調理した料理を注文した顧客の自宅などへの配送サービスである。この場合は，料理自体が物販業の商品と見なされ，宅配は物販業の商品配達サービスである。宅配は店舗での食事サービスを提供してない企業が提供する物流業のような配送サービスである。まだ宅配は洋食のピザなどが主としており，もともと海外からの販売形態なので，英語の配達をカタカナ語にしてデリバリーと称される。

　一方，江戸時代から日本の料理屋が来店できない顧客への料理配送サービスとして「出前」と言う調理された料理を顧客の自宅までに配達することもある。出前は店を出て注文した人数分の料理を自宅まで届くことに由来し，日本料理の場合は，今でもデリバリーと言わずに出前と言う。

４．サービス商品のマーケティング適用における特殊性

　本章１節で分析したマーケティング手法をサービス商品提供への適用について検討した。サービスマーケティングミックスについては，第９章で検討するが，本節は，サービス商品のマーケティング適用の際に注意すべきサービス商品ならではの特殊性について考える。

１）サービス商品の生産における異質性

　第４章３節で分析したように，サービスエンカウンターでは複数のサブエンカウンターも同時に存在し，C・PとCの人間関係が複数もある。これらの関係はC・PとCによる２人一組の「対」[19]が基礎である。それぞれ「対」になる個別のサービス商品の生産と消費は各自に結果があると同時に，互いに影響

し合う。こうした複数のＣ・ＰとＣの人間関係は店舗全体の雰囲気になる。また，全体の雰囲気は個々の「対」になるサブエンカウンターで生産・提供されるサービス商品品質評価の要素となり，顧客満足及びＣ・Ｐ満足につながる。

　人間は，人によって性格が違い，自分の嗜好や拘りがあり，独自の価値観も有する。1つのエンカウンターでは，複数のＣ・ＰとＣがおり，複数のＣ・ＰとＣが入れ替えるとそれぞれ異なる「対」になる。問題なのは，同じサービス商品の生産と消費に関して，このような複数の「対」は異なるプロセスと結果をもたらすこともあり得る。それはＣ・ＰにもＣにも各自の個性があり，Ｃ・ＰとＣの両面からサービス商品の異質性が生まれることになる。

　同一エンカウンターにいるとは言っても，サービス商品に対する知識や理解，サービス商品生産・提供の技能や熟練度，職業環境に対する満足度や仕事への姿勢や熱意，等々，Ｃ・Ｐによって差がある。一方，同一エンカウンターに臨場するＣは，個性や拘りはもとより，利用する目的[20]や同伴する人は予測できないほど異なる。言うまでもなく，こうしたＣ・ＰとＣが自由に組み合わさると，それぞれの「対」ができる。これらの「対」は個性があるため，同じサービス商品であっても生産と消費のプロセスにも結果にも相違が生じる。

　つまり，サービス商品の標準化や規格化はほぼ不可能で，同じサービス商品の生産にはマニュアルで決められる手順があるかもしれないが，Ｃ・Ｐの理解や熟練程度，それにＣの個別需要や個性的要望などによって，エンカウンターでは，全く同じプロセスや結果になるのはむしろあり得ないと言える。これこそサービス商品の生産と消費の異質性と言う。

　サービス商品の異質性はＣ・ＰとＣの人的要素に限らず，例えば，レストランでの食事サービスでは，ランチタイムやディナーのような提供する時間帯の変化，店内で食事するかテイクアウト，またはケータリングサービスのような場所の移動，そしてまた，エンカウンターのレイアウトやサービス商品生産に使用される器具や道具などによって異なることになる場合もある。

2）サービス商品の一過性に関して

　サービス商品の生産と消費は同時に進行するのはサービス商品と物的商品の最大な相違でもあるが，これは一般に同時性あるいは不可分性とも呼ばれる。そして，生産と消費の不可分性で，前述もあるように，作り置きができず手持ち在庫も不可能なため，一過性という性質もある。

　物的商品では，耐久消費財や非耐久消費財のように区分されるが，形体あるモノのため，価値や価格にかかわらず，長きにわたっても使え続けることが可能である。安価な定規や分度器，高価な住宅や自動車，いずれもその寿命になるまで使い続けられる。もちろん，食品や食事のような非耐久消費財の場合は，安価なノリ弁も高価な懐石料理も価値や価格とは関係せず，いずれ消費されると存在がなくなってしまう。一方，定規や分度器は自動車よりも長持ちすることもあり得る。サービス商品の一過性は非耐久財の物的商品のように，購入価格の高安にかかわらず生産と消費の全プロセスが終わると，すべての存在が消されてしまう。数百円の立ち食いそばであれ，五つ星ホテルの高級レストランでの単価数万円の最上級ディナーコースであれ，食事サービスが終わるに際して，すべてが存在しなくなる。

　サービス商品の一過性はまた非在庫性あるいは非貯蔵性とも称される。文字通り，生産と消費が終われば，過ぎ去って残ることはない。今日は半分を使い，明日または来週は残りの半分を使おうとする使い方もできない。サービス商品は一回で複数個購入で一緒に消費することも不可能である。複数回のサービス商品を購入しても，映画館や遊園地への入場のように一回ずつ消費することしかできず，同時に消費することはできない。

　さらに，サービス商品には不可逆性という特質もある。これはサービス商品の生産と消費にはやり直しが効かないことである。サービス商品の生産にも消費にも不満足があれば，もう一回やってもらうことはできるが，それは失敗した生産または消費とは別のサービス商品の生産と消費になる。物的商品では，不良品ならば，分解して部品の修理や交換で作り直しはできるが，サービス商品は，物的要素の再利用ができるとしても，やり直しになると，C・Pの2回

目の生産となると同時にＣも1回目の失敗があって意識も気持ちも変わったので，仮に2回目が成功したとしても，1回目の記憶を完全に払拭することはできない。さらに，不可逆性の事例として，極端的に言うと，医療事故で患者の命が落とされた場合は，いくら手を打ってもやり直しはできない。

3）サービス商品の需要と供給の調整の難しさ

　前述したサービス商品の幾つの特質があるため，結局サービス商品の需要と供給の調整はできない場合が多い。

　まず，サービス商品の生産と消費は同時に進行するので，それが同時性や不可分性などと言う。また，サービス商品全体に形体ないので，生産して消費されると存在がなくなり，一過性と言われる。一過的に過ぎ去ったサービス商品は在庫できないので非在庫性または非貯蓄性も有する。さらに，自由に組み合わさったＣ・ＰとＣが互いに協力してサービス商品の生産ができ消費も満足に終わってしまうが，組合せが変えれば，異なる生産プロセスや異なる品質評価と満足の結果になることもある。

　これらは，サービス商品の需要と供給にどう関係するのかを見てみよう。

　物的商品では，市場のトレンドや消費者の購買行動，商品の認知度や売れ行きなどによって，現段階の売り上げが把握でき，近未来の需要も予測できる。このために，消費者人気高く売れ行きのよい製品または商品は，メーカーでは，多めに生産していつでも出荷できるように在庫を持つことができるし，卸売や小売では，商品の販売実績や予想販売量もやや超えるほど大量に仕入れて消費者の集中買いや買いだめに対応できる。

　ところが，サービス商品では，メーカーや商業者のような都合のよいことはできない。物的商品は需要集中や消費ブームに対し，前述した多めに生産するか，大量に仕入れるかの方法で対応ができる。サービス商品は，Ｃ・ＰとＣの共同作業で生産して消費するので，集中する需要に対し急遽Ｃ・Ｐの増員はほぼ不可能である。Ｃ・Ｐはサービス商品の生産要員で専門の知識や技能を有するプロのような人材なので，急に増員してもエンカウンターでＣ・Ｐの役割を

果たせるかどうかは保証がない。テレビショッピングのコマーシャルで,「ただ今オペレーター増員して対応中」とか宣伝しても, 結果, 大人気の商品については, 電話での順番待ちが避けられない。

　同様に, 通勤ラッシュアワー, ランチタイムの行列, 連休中の観光地などの混雑などもサービス商品の提供に需要と供給の調整はそう簡単にできるものでないという裏付けでもある。なぜならば, サービス商品の生産と消費はC・PとCが出会いの場で相互作用して行われるからである。生産と消費には, 次の二大要素を満たさなければならない。

(1) エンカウンターという出会いの場が必要とする。
(2) 生産と消費のプロセスなので, 始まりから終わりまで時間が必要とする。

　因みに, 前述のテレビショッピングのオペレーター臨時増員の例を見ても, 電話での注文ではあるが, C・PであるオペレーターがCである顧客との会話は取引成立の前提である。会話内容や言葉の丁寧さ, 対応が俊敏かどうかにかかわらず, いかなる会話にも時間が必要不可欠である。テレビショッピングでは, 臨時増員という手立てがあるかもしれないが, レストランでの食事など多くの場合はそれが不可能に近い。

　レストランでの食事サービスを再度見よう。口コミやインスタ映えでインフルエンサー [21] に宣伝され, ある日人気が急上昇となることもあり得る。このために, 店舗は急遽熟練のC・Pを募集して増員することは理論的にはできるが, ブームが去って店舗の経営には大変難しくなる。また, 急な顧客増加に対応できないのはまだサービス商品の物的要素の急な取り寄せも追いつかない問題があるからである。例えば, 2020 東京オリンピックの開催で大勢の国内・国外の観光客が東京に押し寄せると見込んで, ホテルのベッド数が足りないと予測してホテル新規建設のラッシュは各社がしのぎを削るほど競い合う。しかしオリンピック大会終了後, 状況が一変するので, 需要が急にしぼんでしまう

際の対応も各社が戦略的に計画して新たな行動を取るのが必至な情勢になる。

　また，仮に，C・Pの増員がうまく行ったとしても，大勢に押し寄せる顧客を接客するためのエンカウンターが足りなくなる。2020東京オリンピックほどではないが，レストランには客席増やしや増床，新店舗建設と開店の意思決定が差し迫ってくる。仮にブームが続いているとしても，儲かる事業への新規参入が必ずやってくるので，そのサービス商品の生産に係わる競争が激しくなり，これまでの利益率も競争値下げなどで縮小していく。いずれのレストランにも特許に守られる市場独占の競争優位はないからである。

　したがって，需要と供給の調節は各産業でも最大な経営課題として取り組んでいる。メーカーでは，予約生産や特別注文生産のように差別化をしながら，需要と供給のバランスを調整することも行われる。物販業では，予約販売や個別の取り寄せなどの対応もある。

　サービス商品の需給調整の難しさと言えば，前述の人気急上昇やブームのほか，典型的はレストランのランチタイムとディナーの間の時間帯，観光業界の

特　質	主　な　内　容	備　　考
無形性	サービス商品は外形がない	物的要素は目に見える
同時性 （不可分性）	サービス商品の生産と消費は同じエンカウンターで同時進行する	エンカウンターの移動や多様化ができる
一過性 （消滅性）	サービス商品は生産にはじまり，消費に終わる時点で存在しなくなる	体験談や満足感など記憶に残すことができる
非在庫性 （非貯蓄性）	生産と消費が同時なので，複数個の購入，保存，在庫，貯蓄はできない	サービス商品を構成する物的要素の在庫は可能
異質性 （多面性）	提供側と受入側によって，時間・場所によって，プロセスや品質が変わる	自動売券機などの機械で部分的標準化が可能
需給調整の 困難さ	生産と消費に時間帯・場所・季節などの影響が大きく，需給調整が困難	時間の調整や価格の変動などで部分的調整は可能
普遍性	GDPにのみならず，人々の日常生活においても至る所に遍在する	サービス商品なくしたら生活は成り立たない

表6－1　サービス商品の特質

ハイシーズンに対するオフシーズン，公共交通機関のラッシュアワーに対する
オフアワーなどの大幅な需要変動があるからである。サービス業界では，価格
を変動して需要を抑制するかあるいは需要を喚起するかで，マーケティング手
法を使って対応しているが，うまく調整できないサービス商品が大勢あるのも
現実である。

　本節の終わりに，サービス商品の特質を表6－1のようにまとめられる。

【注】

1 ）マーケティングの最初の論文はハーバード大学の Show, A. W. の論文「市場流通に関す
　る諸問題」"Some Problems in Market Distribution", *Quarterly Journal of Economic*,
　August, 1912, pp.703-765。で，大学で開講される最初のマーケティング講座は 1905 年
　アメリカペンシルバニア大学の「ザ・マーケティング・オブ・プロダクト」(The
　Marketing of Product) である。

2 ）マーケティングの和訳については，「販売促進」がある。実は，Marketing と言う英語
　原文の含意は多く，簡単に 1 つ単語をもって表すことができないため，敢えてカタカナ
　語のままにした。マーケティングミックスも同様に，1 つの単語またはフレーズで表し，
　また一文をもって表現することすら難しい。

3 ）本章 2 節で議論するように，定義論を言及しなくても，マーケティングとは，市場調査
　で得たデータをもとに，製品の決定・価格の設定・販売経路の選定・販売促進方法の確
　定によって戦略的に商品やサービスが売れるような仕組みを作り出すのである。販売促
　進とは以上のマーケティング活動の 1 つに過ぎず，商品を売ることである。また，営業
　とは，営利を目的として業務を行うことや，取引先との折衝するための企業活動という
　職業がある。

4 ）アメリカ建国（1772 年）当時の国土は東海岸のニューヨーク中心の 13 州だけである。
　1783 年から 1896 年までに南部のアリゾナ・ニューメキシコ，最北部のワシントン・モ
　ンタナ・ノースダコタ，最西部のカリフォルニアなどカナダとメキシコに接する州も編
　入・加盟するまで歴史的「西漸運動」と呼ばれる国土拡大が続いていた。その後，1912
　年にロシアからアラスカ州を購入し，1959 年 1 月 3 日に正式合衆国に加盟した。最後に
　アメリカに加盟した州は 1959 年 8 月 21 日のハワイであった。

5 ）大量生産体制の最も典型的事例として挙げられるのは，第 1 章注訳 6 ）にもあるように

フォードモーターズのフォードモデルT（Ford model T,「T型車」）であった。T型車は1908年発売してから1927年まで基本的モデルチェンジしないまま1,500万台以上も販売していた。これは，物的商品が非常に足りない時代の出来事ではあったが，このようなことの積み重ねは豊かな社会につながり，モノづくりの時代を終わらせたことになる。

6）マスマーケティング（Mass Marketing）とは，特定消費者をターゲティングせずに，画一化された方法でマーケット全体に対しマーケティング戦略を企画しマーケティング活動を展開することである。その支えとして，大量生産された工業製品が大量に消費される需要があるため，マスメディアを利用して幅広い消費者層に対する広告の大量投入を前提とする。

7）マネジリアルマーケティング（Managerial Marketing）とは，経営者がマーケティング活動を統合して管理することである。大量生産体制をより効率的に運用するためには，中央集権的にマーケティング活動を広い視野に目を向けた経営者による経営上の企業統制がより合理的だという考え方である。典型的な研究成果と言えば，Howard, John A. (1957) *MARKETING MANAGEMENT – Analysis and Planning*, RICHAED D. IRWIN, INC., HOMEWOOD, ILLINOIS. がある。

8）消費者の4つの権利とは，安全である権利，知らされる権利，選択できる権利，意見を反映させる権利である。最初にこの4つの権利を提唱したのは，ケネディの1962年年頭の国会教書であった。1975年，38代大統領フォード（Ford, Gerald R.）が第5の権利「消費者教育を受ける権利」を追加した。1980年，国際消費者機構（CI）はさらに，「生活の基本的ニーズが保証される権利」「救済を求める権利」「健康な環境を求める権利」の3つを加え，消費者には8つの権利があると呼び掛けた。

9）企業の社会的責任（Corporate Social Responsibility = CSR）とは，企業が1企業市民として，自身の利益追求をしながら，社会に与え得る影響と責任を自覚し，企業と利害関係を有する関係者の要望を応えるべく適切な行動を行う。そして倫理的観点から自らの事業活動を通じて，企業自らの永続性を実現すると同時に，持続可能な未来を築けるような社会貢献も問われることになる。

10）最初にマーケティングの概念拡張を提唱したのはKotler, Philip and Levy, Sidney J. (1969) の論文 "Broadening the Concept of Marketing", *Journal of Marketing* Vol.33, January, 10-15. である。

11）非営利組織（Non-profit Organization = NPO）とは，営利を目的としないすべての組織であるべきだが，国内では，政府組織（Government Organization = GO）以外の民間NPO組織としているが，国際的にはそれは非政府組織（Non- Government Organization

= NGO）と称する。

12）最初にソーシャルマーケティング（Social Marketing）を提唱したのはアメリカのフィリップ・コトラー（Kotler, Philip）であった。

13）現行のマーケティングミックス4Pの詳細は，McCarthy, E. Jerome（1960）*Basic Marketing: A Managerial Approach*, Richard D. Irwin Inc., Homewood, Illinois, pp.278-280. の論文に記されるが，最初にマーケティングの企画と実施に重要な事項を整理したBorden, Neil. H. が1957年の論文「マーケティングミックスのコンセプト」"The Concept of the Marketing Mix"（Journal of Advertising Research, Vol.4, June. pp.2-7）で，マーケティングの企画と実施のための重要事項は「製品計画」「価格」「ブランド」「流通経路」「人的販売」「広告」「販売促進」「パッケージ」「陳列」「サービス」「物的管理」「原因究明と分析」の12項目があると主張した。

14）マーケティングミックス（Marketing Mix）の4Pは英語の product, price, place and promotion の頭文字から取ったが，place は立地を意味するので，実際は流通経路（channel）と解釈される。また，1960年に提唱されている4Pは売り手視点であるのに対し，1993年に，アメリカのロバード・ロータボーン（Roudabon, Robert）が買い手視点に立ち，顧客価値（Customer value），顧客コスト（Customer cost），利便性（Convenience），コミュニケーション（Communication）の4Cを主張した。

15）サービス製品または商品に関しては，第5章注釈5）も参照。

16）俗に，サービスの提供は時間と場所の切り売りと言われている。例えば，駐車場料金や映画・演劇観覧料は時間と関わり，ホテルの宿泊やレストランの個室などの使用料も場所の大きさと利用時間にかかわる。多くのサービス商品の提供は時間の長さ，サービスが提供される場所の大きさや提供の丁寧さ，また，提供するC・Pの熟練さまたは企業の社会的イメージ（ブランド）などによって，価格を設定することに対して顧客が納得しやすいことが多い。

17）顧客は小売業で物的商品を購入してくれる人，サービス業でサービスを受ける人を意味するが，店舗にとって顧客の意味合いに違いがある。取引あるのは顧客と言い，繰り返して取引をするのが常連顧客という。そして，店舗を利用する際に優先的に選択するのはファン顧客であり，自分の人生や生きがいと関係づけしてくれるのはサポーター顧客と称する。一方で，積極的に自分の意見を他人に伝えようとして，商品やサービスの購入や受け入れを進めるのがオピニオンリーダーとも言われる。

18）最初の貨幣は紀元前30世紀のメソポタミアで重量単位としてシェケル（Shekel）と称される。日本の最初の貨幣は683年（天武天皇12年）に朝廷によって鋳造された貨幣は「富本銭」だと言う。貨幣には，①支払い，②価値の尺度，③貯蔵，④交換手段との

4つの機能があるとされる。そのすべては交換や取引と密接に係わり，商業・サービス業の成長と拡大には欠けてならない存在である。

19) サービスエンカウンターではC・PとCの出会いは複数であるが，必ず提供側と受入側のように2つ一組の「対」になる。1つのサービスエンカウンターで一対の人間関係である。

20) 例えば，第5章2節の例で，同じレストランに来店する人は，誕生日のお祝い，ビジネス相談，冷静な大人の話し合いなど，店舗としては予想不能のことばっかりとなる場合はむしろ一般的である。

21) インフルエンサー（influencer）とは，本来前述のオピニオンリーダーよりも影響力のある人を意味する。特にSNSで非常に多くのフォロワーを有する人，いわゆる世間に対して影響力を有する人があることについてコメントなどの情報発信によって拡散されることになる。情報が瞬時に伝達されるネットワーク化時代の今日では，これは，広告宣伝よりも大きな影響力があると考えられ，これを利用してマーケティングの有効な販売促進手段にもなり得る。

第7章

サービスマーケティングに関する理論的研究

　本章は，サービス研究に関して，世界の代表的理論研究を分析して行く。

　日本では，古くからサービスに関しては，奉仕や奉公，用役や役務などの表現は第2章で議論したが，これらは今日のサービスの含意とは異なる面がある。マネジメントやマーケティングのようなカタカナ語で表現されるように，今日のサービスという表現，それにサービスの発想は東洋的ものではなく，英語をもとに翻訳された外来語と同様に西洋的である。

1．「サービス革命」提起の経済的背景

　サービスに関する理論研究もマーケティング理論と同様にアメリカで発生したものである。それは，第二次世界大戦後の1950年代以降，アメリカは経済成長や企業経営，技術革新や学術研究，その他多くの分野でもグローバル的にリーディングのポジショニングにあったからである。

1）レーガンの「サービス革命」の意義

　1960年代に入り，特にアメリカでは，戦後，経済の持続的高成長を背景に，大量かつ持続的に産出されてきた様々な物的商品に支えられていた。市場へ大量に投入され販売され消費される商品が，いわゆる「豊かな社会」の確立に寄与した。一方，脱工業化社会の到来は経済における製造業の衰退と入れ代わり，広義のサービス産業の新興と拡大はアメリカ社会のみならず，欧米諸国もほぼ同時に経済サービス化社会に突入した。

　サンフランシスコ州立大学のレーガン（Regan, William J.）は経済サービス化

の時流をいち早くキャッチし，1963年に，論文「サービス革命」("The Service Revolution") を発表した[1]。レーガンの論文は，戦後経済の持続成長が物質財充足と国民収入の両方とも拡大させた結果，豊かな社会に生活する消費者はそれまで物的商品追求の需要はやがて変わりはじめ，より精神的・情緒的需要に応えられるサービス商品への追求にシフトしつつあると指摘した。

　同論文が示したデータによると，当時，アメリカ経済におけるサービス分野の産出はまだGNP[2]の四分の一に過ぎなかったが，戦後直後の1946年に対しては，サービス分野の産出は464億ドルから1960年の1,322億ドルへと14年で2.8倍の急拡大を見せたとともに，国民消費におけるサービスへの支出も31.5％から40.2％へと持続的かつ大幅に拡大した。経済データにも裏付けられ，レーガンは経済成長におけるサービス（産業）がすでに革命的に成長してきていると断言した[3]。

　レーガンの論文は画期的で先見の明があり，今日のサービスマーケティングに関する諸研究の先駆的論文となったが，残念ながら，小売業研究が専門だったレーガンは独自のサービス定義までには至らなかった。

２）脱工業化の進展とサービス業への注目

　レーガンの論文公表までは，経済学でのサービスへの認識は，基本的に19世紀末葉から20世紀初頭にかけての経済状況や社会背景をもとに研究された理論解釈である。1世紀も前の経済や社会では，人々は物的商品にだけ目線を合わせるのは決して今日のような判断で非合理的だとも言い切れない。その時代では，大量生産体制が確立されて間もなく，人間社会は近代から現代へと移り変わりつつある曲がり角でもあった。20世紀初頭から第二次世界大戦前までにかけての世界経済実態と産業構造では，工業化に成功した先進国と呼ばれるのはイギリスとフランスぐらいであった。現在の世界先進国（G7）トップスリーであるアメリカ・日本・ドイツのいずれも，当時では，まだ工業化に突進し始めたばかりの新興国であった。

　物財極端に不足の時代では，日常生活水準を高めるためには，消費者の的

は，当然のごとき生活に便利さをもたらし，生活水準を高めてくれる家中の量産化された機能性の高い近代的家具や日進月歩に開発され産出されてきた生活を格段とレベルアップできる象徴でもある自動車や電化製品などであった。それに，量産化された既製服が買回り品として大量に販売され，身分やステータスの表しに最も適した高級ブランド品や宝飾品などの専門品が裕福な上流階級の嗜好になっていた。経済成長の実態を反映するように，消費者ニーズやウォンツもこうした物的商品の有形財への集中を超すことはなかった。いわゆる中産階級の仲間入りを目指そうとする国民的願望は，「東洋の奇跡」（Japanese miracle）とも称される戦後日本の経済高度成長でも世界と共通した。

　一方，生産が主導する売り手市場の経済構造のもとで，ビジネス現場では，大量に生産された物的商品の有形財をいかに有効にメーカーが望んでいるような価格で可能な限り迅速に販売していく手法として物販業のマーケティング手法も確立され，それも経済学の理論研究と同様に，モノである物的商品が中心であった。こうした背景では，サービスに対する見方はあくまで物的商品の流通・販売を刺激するための促進的要素に過ぎなかった。

２．経済サービス化とマーケティングコンセプト拡張

　人類社会が時代の流れとともに進歩している。原動力は現状に対する不満足と未知に対する好奇心，または未来への探求心だと言える。工業化社会の高度発展は人々に豊かな社会をもたらしたが，豊かな工業化社会は決して天国のような完璧な社会ではなかった。

　先進国に普及した豊かな社会では，今日までも「COP25」[4]のように世界各国の首脳が集まり，日々悪化している地球環境について力を併せて対処しようとしてきた。公害や環境汚染などの社会問題の深刻化は，欧米諸国の経済高度成長の最中の 1960 年代にも始まった。一方，一部分の人は物財の蓄積で巨額の財産を築き上げ，その豊かさは社会の大多数である一般大衆または消費者が幾度の生涯にわたっても到底ものにすることはできないほどであった。つま

り，巨万の富を有する人と貧困ラインで必死に生きようとしている人々との格差があまりにも大きかった。これらかつてなかった社会的問題に影響されたかのように，第６章で検討した最初のマーケティング論文（Shaw, A. W.；1912）から半世紀あまり，マーケティングコンセプト自体は概念拡張が必要ではないかとの提言が公表された（Kotler, Philip and Levy, Sidney J.；1969）[5]。その社会的背景は少なくとも次の２つがある。

１）消費需要変化によるサービス業成長

当時の時代に社会変化の最大な要因と言えば，それは，消費実態変化がもたらした需要の変化である。社会全体は豊かになるが，貧富の格差も急速に拡大してきた。経済成長の恩恵で蓄財し莫大な経済力を持った一部分の人は，かつて夢にも見なかった多種多様な物的商品を思う存分に入手ができた。対して，多くの一般大衆は貧困ラインぎりぎりで生存していた。

しかし，経済の持続的成長の結果，多くの人々はかつてと比べられないほど豊かになったことも事実である。いわゆる中産階級層の拡大は欧米にも日本にも著しく社会現象となっていた[6]。人間の欲望は果てしないのは古来も今日も変わることがない。物質的豊かさを手にすると，精神的・情緒的需要が自ずから生まれてくる。当然のように，自分もできることを人にやってもらうのは他人を指図することでもあり，平等であるべき人間社会では，企業や組織内のポストがなく社会的ステータスがない人にとっては，それはいかに精神的満足を獲得できる出来事であろう。

戦後の自由と平等のもとで築いてきた現代社会では，他人を指図で得られる精神的満足は決して身分が高くなったり，社会的ステータスが向上することにはならない。自由経済の中で対等の立場にある人々は代金を支払えば，他人に自分のためにサービスしてもらうのが対等な交換である。したがって，経済サービス化では，サービス商品に対する需要は急速かつ持続的に拡大してきた。今日の外食産業では，圧倒的な主役を君臨しているファミリーレストランも経済サービス化社会に入っての1970年に誕生したのである[7]。

２）企業経営の変化に即したマーケティングコンセプト拡張

　マーケティングは時代変化の流れの中で，ビジネス現場や企業経営の戦略的・戦術的手法の進展によって常に変化しながらコンセプトの拡張が続いている[8]。したがって，時代が変わってもマーケティングコンセプトは引き続き企業経営や組織管理手法として営利企業（Profit Organization = PO）にも非営利組織（Non-profit Organization = NPO）にも活用できる。

　前述した工業化社会の副産物として公害や汚染などによる環境破壊，物的商品不足で「売り手市場」での企業の優位[9] による消費者被害の横行への対策としてアメリカ大統領まで消費者の権利を主張することに至った。しかし，工業化社会の成熟に連れ，供給が消費よりも超える時代になると，いくら利益追求しか考えていなかった民間企業であっても，生産された物的商品は最終的に消費者の手に渡し消費や使用してもらわないと，利益追求目標の達成が不可能である。従来，営利ばっかり考えていた企業の多くも次第に消費者の利益を考えなければ，事業展開に重大な支障が来し，こうした論理はやがて認識されつつある。経済サービス化の社会では，営利企業の非営利活動や非営利組織の活動[10] を目的とする組織がアメリカに止まらず世界的に増えてきた。

　こうした社会的変化をいち早くキャッチしたのは前述のコトラーとレビー（Kotler, Philip and Levy, Sidney J.）のマーケティング概念拡張を提唱した論文である。これをきっかけに，マーケティング学会では，1つのブームまで引き起したとも言えるほど企業の非営利活動や非営利組織の事業運営などに関する研究が盛んになった。こうした中で，取引の売り手と買い手の関係に関する研究が注目されていた。

３）リレーションシップマーケティングのコンセプト

　物的商品の生産・製造や流通・販売では，売り手のメーカー・卸売業・小売業が存在するのに対して，製品や商品を購入して利用する消費者も存在しなければ取引は成立するどころか，始まることさえできない。また，売り手と買い手の取引関係が確立したとしても，今後にも長きにわたり続けられるかどうか

は業務の安定や事業継続が前提とする企業経営の最重要課題である。

　前述の工業化社会の成熟により製品あるいは商品供給は絶対的不足時代から供給は需要をはるかに超え，買い手には多くの代替品や選択肢が提供される時代となり，買い手との関係維持は注目されてきた。これはリレーションシップに対する企業の視線が熱くなり，そしてリレーションマーケティングの研究が始まったきっかけでもある[11]。つまり，買い手市場になると，売り手は冷静に買い手がいつどこで何をどれぐらい購入したかに関する客観的経済分析よりも，いわゆる顧客の「生涯価値」最大化[12]を高めるためにも，自社の顧客を特定し，同じ顧客との取引関係を生涯にわたって維持していくのが企業の利益追求目標の達成よりはよほど有意義な戦略である。

　リレーションシップマーケティングの発想は，それまでの企業は新規顧客の獲得に経営資源を惜しげもなく投入してきたが，むしろ既存の顧客との関係をよりよくしてそれを強化して維持していくことがより大切ではないかという。企業にとっては，既存顧客との関係維持が新規顧客獲得より資源浪費の削減ができ，経営資源投入能率もよくなり，企業の業務安定や今後のさらなる成長にも効果的である。つまり，良好な関係づくりから始まり，その関係を強化することによって，生涯にわたっても維持していくことは，その顧客が企業に対する生涯価値が限りなく最大化になれる。

　注意すべきは，リレーションシップに関する研究はサービスマーケティング研究の1つの方向性でもある。

3．サービスマーケティングの発生

　マーケティング誕生の地でもあるアメリカでは，サービスマーケティングの先駆的研究またはサービスマーケティング研究発祥の地でもある。経済産出でのサービス産出の目覚ましい拡大を最初に注目したのは，前述のサンフランシスコ州立大学のレーガン（Regan, William J.）である。経済サービス化がすでにグローバル的に広がっている今日では，各国でサービスマーケティング研究が

行われている。そのすべての発端は，1963年，レーガンの論文「サービス革命」（"The Service Revolution"）である。

1）サービスマーケティング研究の意義

　物的商品中心の工業化社会では，サービスの存在が完全に無視されていた。第3章1節で議論したように，19世紀半ばからも全米に普及し始めた電気照明を提供する電気供給サービス，また，20世紀初頭に太平洋横断の海底ケーブル敷設で国際電話サービスまでも広く提供されるなど，コープランド（Copeland, Melvin T.）の商品分類に関する論文（1924年）の公表と同時期に，アメリカにとどまらず，日本でも多くのサービス商品が提供・消費された。

　それに，コープランド自身が勤めているハーバード大学をはじめ全米ないし世界にも普及し始める大学教育サービスなど，多種多様な代金支払いが必要とするサービス商品が見落とされた。半世紀近い後にバックリン（Bucklin, Louis P.）の商品分類修正（1962）の提唱でもこの流れは変わらなかった。言うまでもなく，1960年代では，消費者の4つの権利が提唱される時代で，サービス商品の提供は世界的に広がりつつある社会になっていた。

　経済サービス化の進展が止まらず，非物的要素またはサービス商品がなくしたら，マーケティング戦略を検討するのは人々の生活やビジネスでの多くの社会的事象の説明ができなくなる。1981年，ザイタムル（Zeithmal, V. A.）が独自の研究を公表しサービス商品を物的商品と一緒に分類して，マーケティング戦略を企画し実施すべきだと提唱した。

2）サービスの商品分類と Zaithmal の図解

　コープランドの商品分類とバックリンの商品分類修正にはサービス商品が含まれなかったが，マーケティングには，交換や取引に係わる物的商品を含めて非物的要素やサービスそのものが商品として交換や取引されるのが避けて通らない現実がある。また，商品であるサービスの品質評価に関する基準設定のためにもサービスの分類と属性をはっきりとさせる必要がある。従来の物的商品

との大きな違いを意識しながら物的商品とサービス商品を一緒に分類するのは，今日のサービスマーケティングの常識とされる。図7−1のような枠組みでザイタムルがすべての商品を「探索財」「経験財」と「信頼財」に分類した[13]。

　次では，ザイタムルの図解を分析しながらその問題点も検討する。

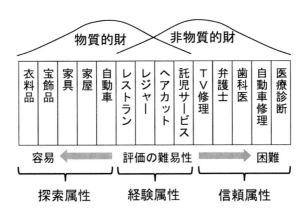

図7−1　サービス商品も含む商品分類の枠組み

①　探索属性

　いわゆる「探索属性」のある商品はコープランド分類の「買回り品」と「専門品」に分類される。バックリンの分類では，また「買回り品」と「非買回り品」に区分され，コープランド分類の「専門品」は「非買回り品」とされる。これらは典型的な物的商品である。ザイタムルによると，このような商品は，外形はもとより，規格や品質などもはっきりしているため，消費者が事前の情報収集や商品の関連知識を学習さえすれば，評価しやすい。

②　経験属性

　ザイタムルの「経験属性」分類は，コープランド分類でもバックリン分類修正でも言及しなかった。列挙される「レストラン」「レジャー」「ヘアカット」

「託児サービス」の 4 種類のいずれもサービス商品で，事前の情報や知識があるとしても一度経験しなければ，その良し悪しが適切に評価することはできないのが多いので，簡単には評価できない。もちろん，一回目の経験があれば，二回目以降の利用では自信をもって判別できる。

③　信頼属性

　この分類の商品は完全に従来の商品分類になかったサービス商品である。知識も乏しく経験のない消費者にとっては，何度の経験があってもなかなか的確に評価することはできない。特に，弁護士や医者の場合は，顧客の多くは繰り返し利用し，互いに関係緊密なクライアントのような依頼人と引受人になっても，これまでの経験だけでは，次回の結果を推測することもできないかも知れない。このようなサービス商品の取引には，両者間は，必ずと言えるほどある種の信用または信頼関係が必要とされる。

　図 7 - 1 では，商品をまず，「物質的財」と「非物質財」に区別され，サービスを含む商品は「探索財」「経験財」「信頼財」の 3 つの属性に分類される。ところが，このような分け方は明らかに，ビジネスの現実に合致しない問題点も残っている。例えば，最も物質財とされる「衣料品」や「宝飾品」を例に考えてみても，多様な非物的要素が含まれる。

　今日では，返品や交換などは物販業のアフターサービスとして，スーパーなどの小売店舗でも，食品や日用品のような価値が低く安価な「最寄り品」でさえ，理由なしに返品できる。また，衣料品のような「買回り品」や「専門品」である宝飾品なども返品し交換することができる。衣料品は，裾上げや寸法修正などのアフターサービスを有料や無料で提供される。宝飾品などの高価な専門品であれば，個別対応するためのカスタマイズサービスとして，サイズ修正やデザイン変更などのオプションも一般に引き受けられる。今日では，物的商品とサービス商品とははっきりと区別されることは非常に困難である。

4．サービスマーケティングの代表的研究

　日常にも欧米[14]という表現が常用されるが，一言で「欧米」とは言っても
かなり数の国があり，及ぼす範囲が研究者によっては変わることもある。一
方，レーガンの論文以降，今日に至っては，サービス経済論などを言及しなく
ても，サービス経営やサービスマーケティングなどのテーマで研究する欧米や
日本をも含め世界中に大勢の研究者が活躍している。このために本節は，アメ
リカ学者ラブロック（Lovelock, Cristopher）と北欧フィンランド学者グルンロー
ス（Gronröss, Christian）のサービスマネジメントまたはサービスマーケティング
に関する研究をその代表例の1つずつ取り上げる。

1）北米の研究アプローチ

　サービスマーケティング研究の先駆者と言えば，前述のレーガンではある
が，世界的にもサービスマーケティング研究の第一人者までと称されるのは，
ビジネス経験を持ち，数多くの事例研究をも取り組んできたイギリス生まれの
アメリカ著名学者ラブロックである。ラブロックはサービスの特質から提供プ
ロセスまで多面にわたってサービス商品を論じたが，彼のサービス観はやはり
経済サービス化がその背景にある。それは，時代はサービス産業またはサービ
ス分野の産出が経済産出の主役的存在になっているからである[15]。

①　サービス特性の細分

　サービス研究では，避けて通れないのは，サービス商品を商業または流通業
のような物販業が取扱っている物的商品との区別である。主流的には，前述し
た戦後経済高成長を支えてきた工業化時代における経済産出の主役だった物的
商品に対し，サービス商品には少なくとも「無形性」「一過性」「不可分性」
「異質性」という物的商品にない独特の四大特質が広く認知される[16]。

　サービスの「無形性」とは，言うまでもなく，経済学の無形財記述に由来

し，サービス商品には物的商品の外形やサイズ，デザインや色彩など人間の直感で感じ取れる要素がないのに依拠する。「一過性」とは，サービスは一度提供され受け入れ，つまり消費されると再度の利用ができないという。このため，「非在庫性」または「非可逆性」，さらに「消滅性」との記述もある。「不可分性」とは，「生産と消費の同時性」とも称され，「一過性」にも関連する。その理由は，サービスの生産と消費はエンカウンターで同時に行われ，サービスには生産と消費の分離ができないという不可分性質があると言う。「異質性」とは，サービスそのものは規格化できず，サービス商品の提供は経済循環的に考えると，生産要員でもある接客要員C・Pとサービス商品の消費者である顧客Cと対面で行われ，サービス商品の品質は提供するC・Pと受け入れて消費するCとの相互作用によって決められる[17]。

　以上の主流的認知に対し，ラブロックとシンガポール大学のウィルツ（Wirtz, Johen）との共著書では，独自の視点からサービス商品と物的商品との違いについては8項目[18]（表3−1も参照）まで細分している。

②　サービスの時間的要素

　ラブロックとウィルツが指摘したサービス商品と物的商品の違いを8項目挙げ，サービス商品の品質には「時間」という要素[19]による影響が大きい。プロセスであるサービス商品は，動態的で生産・提供・消費そして品質評価も同時に行われ，時間という要素に大きく影響される。このために，サービス商品の生産と提供は円滑にタイミングよく行われるのが重要である。また，消費された後にもサービス商品が物的商品のアフターサービスと言われる時間的要素の影響がある。つまり，自分の評価はその他の顧客の満足または不満足に影響され，場合によっては評価が変わってしまうこともあり得る。

　サービス商品のアフターサービスは決して物的商品販売後の返品や交換，修理や保障などのようではない。サービス商品そのものの返品[20]はできないが，使用料などを全額返金ができるが，不満足と感じた顧客は自らの経験としてそのサービス商品に対する悪いイメージを消すことができない。さらに，顧客の

リピートの可能性が低くなるにとどまらず，また，潜在顧客臨場の足止めになる可能性も否めない。これは第５章２節で議論する情報源効果である。

③　レンタル方式であるサービス

　ラブロックはまたストックホルム大学のグメソン（Gummesson, Evert）との共著論文で，サービスには所有権の移転がないという特質があると率先して指摘した[21]。事例として挙げられたのは，ホテルでの宿泊，理学療法士による治療，コンサートの観賞などがある。つまり，提供先から多様なサービス商品のメニューから特定のサービス商品を選択し受けるのはできるが，サービス商品を購入したとは言っても，提供プロセスのような時間的要素が不可欠なため，物的商品のようにサービス商品の所有権の引き渡しは不可能である。

　また，同論文では，表７－１のように，サービスは，顧客に対する物の使用，労働力や知識の確保，施設やネットワーク利用の権利を「レンタル」で提供されることだとも指摘した。両氏はそれをサービス商品の特質とはせず，あくまでもサービス商品に対する新しい視点として主張している。

　ラブロックとグメソンが主張したサービス商品提供の「レンタル」形態とは両氏が自ら言明しているようにあくまでも彼らの考え方に過ぎないと言わざるを得ない。表の中に提示された事例を見ると，レンタルと説明できないことも

レンタル形式	具　体　例
モノのレンタル	ボート，電動工具，農業用機器など
スペースや場所のレンタル	ホテル客室，航空機座席，オフィスなど
労働力や知識のレンタル	車の修理，手術，専門知識の相談など
物理的環境の共同利用	美術館，テーマパーク，有料道路など
システムやネットワークのアクセスや使用	電気やガス，通信，銀行，保険，情報サービスなど

表７－１　サービスの提供の「レンタル」形式

（注）Lovelock and Gummesson の 2004 年の論文により，筆者が整理・要約。

多数ある。「労働力や知識のレンタル」の場合を考えてみると，それらはレンタルというよりもある種の専門知識や技術を有することで他人のためにこの種の手続きや仕事を代行することである。

　例えば，法律専門家の弁護士にある案件の相談をして同件の弁護を依頼すること，また企業や個人が税理士を訪ねて税務処理と税の申告を依頼することでは，レンタルというより依頼者が自分の代わりに自分のできない業務を代行してもらう行為の方がより適切ではないか。一般に，専任や専属の契約がない限り，弁護士も税理士も特定の個人だけにサービス商品を提供するわけでもなく，彼らも同時に他のクライアントから仕事の依頼を引き受ける。また，「システムやネットワークのアクセスや使用」の場合も，企業の通関業務や個人輸入代理のように，専門知識や技術などの欠如で自らせねばならぬ要件や仕事に関しても専門家や技術者に代行してもらわざるを得ないという事情だからである。

④　人間関係の重要性

　ここで指摘すべきは，レンタルや代行は，いずれにしても，サービス商品とは，一人のみができないことで，相手の存在が必須条件である。サービス商品取引の成立には，第4章2節で分析したように，まず相手の存在と双方向の人間関係の確立が必要である。つまり，レンタルまたは代行サービスには金銭的関係があると同時に対手に対する信用または信頼という人間関係も不可欠である。サービス商品の提供と受入には，互いに相手を信用することがなければ，レンタルサービスも代行サービスも成り立たない。

　要するに，サービス商品の提供と受入は関係する双方またいずれの関係者も対等かつ互いに利益をもたらせる人間関係に基づくものである。これはまさに第4章3節で検討したサービス的関係の基礎である。サービス商品取引の成立に当たっては，こうした人間関係における相手が各自の達成すべき目標にとっての必要不可欠なパートナー的存在として求める意識が高いと思われる。これについては，第10章にて改めて議論する。

2）北欧の研究アプローチ

　イギリス生まれのラブロックは大学卒業後アメリカに渡り，スタンフォード大学で修士号及び博士号を取得し，この世を去るまでアメリカで教育や研究をしながらサービス業界の実務も取り組んでいた。「小さな政府」型のアメリカ政府は経済や市場にできるだけ最小限に関与をしようとして公共サービスの提供も極力に抑える。対して，国民福祉を最大化しようとする北欧諸国[22]に生まれ育ったグルンロース（Grönroos, Christian）の研究環境は，言うまでもなく，アメリカで研究していたラブロックとは考え方にも大きな違いがある。北欧諸国は国民に最大限の公共サービスを提供することを目指す「大きな政府」型の国家制度を導入しており，社会福祉の高い国家として世界的にも名高い。アメリカとは対極にある社会構造で，国民に対する医療や教育などの公共サービスが世界最高レベルで提供される。では，北欧諸国のサービス観はどうなっているのかについて，フィンランド・ヘルシンキにある Hanken School of Economics のグルンロースの研究アプローチを通して見る。

　今日では，北欧はもとより，世界的にも代表的サービスマーケティング研究者の1人と認められるグルンロースがマネジメントやマーケティングの手法をもってサービス研究を始めたのはレーガン（Regan, William J.）のサービス革命論文の影響を受けてからであった。1970年代に，北欧諸国の経済成長におけるサービス分野規模の急拡大もアメリカに遜色はしなかった。こうしたアメリカに近い経済的社会背景も若きグルンロースがサービスに注目しマーケティング的研究を始めるきっかけではあった[23]。1990年に，グルンロースは『サービスマネジメントとマーケティング』（Service Management and Marketing）の著書を出版し，独自の視点での研究成果を公表し，北欧を代表するサービスマーケティング研究者としての立場を確立した。

①　サービスへの基本的認知

　欧米とは言え，サービスに対する認知では決して全く同じわけではない。研究者各自の視点もあるが，従来の物販業マーケティングでの物的商品への偏り

を見直し，サービス商品の分析と研究に必要とする新たな視点でのチャレンジという点では，前述のラブロックとは共通している。

　ところが，特に国民に対してできるだけ最大な公共サービスを提供する福祉国家社会体制のもとで，当然のように，グルンロースには独自の視点と認識もあった。彼もサービスを定義する前に，表7－2のようにサービス商品と物的商品との違いを8項目に整理した。

　表に示されたように，物的商品と比べると，サービス商品の特質だと指摘されたグルンロースの見解は，無形的，異質的，物でない，そして在庫できないなどの点では，サービスマーケティング研究者の間の共通認識でもあり，ラブロックの8項目（表3－1参照）にも合致している。注目すべきは，グルンロースはサービスの核心価値（core value）が売り手であるサービス商品の提供者と買い手である顧客との間の相互作用（interaction）によって生まれるという考え方は，ラブロックが指摘した物的商品とサービス商品との違いの8項目に受け入れた。また，グルンロースは，サービス商品の生産・提供・消費は同じプロセスで同時に進行することを明確し，顧客はサービス商品の生産プロセスに参

物 的 商 品	サ ー ビ ス 商 品
有形的	無形的
均質的	異質的
生産・流通は消費から分離される物	生産・流通・消費は同じプロセスでの行動あるいはプロセス
核心価値は工場で産出される	核心価値は買い手と売り手との相互作用によって生まれる
顧客は（通常）生産過程に参加せず	顧客は生産に参加する
在庫ができる	在庫ができない
所有権の移転	所有権は移転しない

表7－2　サービス商品と物的商品との違い

出所：Grönroos, Christian（1990）*Service Management and Marketing*, Lexington Books, p.28.

1．サービスは多かれ少なかれ無形的である。

2．サービスは行動あるいは一連の行動であるから物と区別される。

3．サービスは少なくともある程度で生産と消費が同時に行われる。

4．顧客は少なくともある程度で生産プロセスに参加する。

For most services, four basic characteristics can be identified:

1. Services are more or less *intangible*.

2. Services are activities or a *series of activities* rather than things.

3. Services are at least to some extent *produced and consumed simultaneously*.

4. The customer *participates in the production process* at least to some extent.

図７－２　サービスの４つの基本特徴

加するという点では，それまでの研究とは一線を画した。

　言うまでもなく，サービスマネジメントまたはサービスマーケティングに関する研究は今日のように広がっていなかった 1990 年代では，社会背景として経済サービス化へ移り変わろうとするのは世界にも少ない G7 のような極一部分の国に限っていた。したがって，グルンロースが従来の物的要素重視との相違を強く意識すると同時に，製品または商品[24] と意識されつつあるサービスを定義する前提として図７－２のように，４つの基本特徴を認めるべきだと主張したのも画期的であった。

　グルンロースが全方位にわたってとも言われるほどサービスに対する以上のような独自の見解にたどるまでには，彼は自らの著書で明らかにしたように，レーガンの論文にはじめ，その後サービス定義をも含む多くの先行諸研究を整理した結果[25] として，独自のサービスに関する認識に結び付いた。

②　「約束」の交換

　グルンロースのサービスの基礎的認識には，もう 1 つ注目すべき北欧的認識と言えば，マーケティングは「約束の交換（exchange of promises)」である[26]。マーケティングは約束の交換というコンセプトは同じフィンランド学者のカロニウス（Calonius, Christian)[27] が最初に提唱したものである。その着目点とは，売り手が顧客との関係樹立・維持・強化に当たっては，顧客に対して，（物的）商品がサービスなどと一緒に提供されるものである。つまり，物的商品やサービスの提供スタイルそして商品の決済方法，アフターサービス，さらに，その他の取引に係わる情報などをも含めて「一揃いの関連する約束」(a set of promises concerning) の提供が不可欠だという。

　グルンロースは，この交換の約束コンセプトを独自のサービスマネジメントやサービスマーケティング研究に導入したわけである。彼は，サービス業ではこの約束コンセプトこそが最も重要な要素で，約束を守ることは顧客との長期にわたってリレーションシップの維持と強化につながると指摘した。それが結果的にマーケティングにおけるリレーションシップに関するグルンロース流の考え方として確立された。

　サービスは一種の約束の交換というコンセプトは日本古来の文化伝統を背景とする「おもてなし」[28] に基づいたサービス観とは大きな隔たりがある。日本のおもてなしは顧客が尊敬すべし，自分が謙遜すべく，という文化伝統によるもので，その後の「お客様は神様」のようなコンセプトにつながる。対しては，北欧の「約束」の交換はいわゆる西欧文明の万人平等の価値観に基づくもので，提供側と受入側は平等的人間関係にある。しかし，双方向の人間関係であるという点では，共通していると言えよう。

3 ）日本における理論的研究

　近年，「観光立国」[29] の施策を背景に，日本を訪れる海外観光客が大幅に増加してきている。そこで注目されるのは，「おもてなし」という日本的サービス精神である。これは，サービス業界では，日本の文化伝統に馴染んでいる茶

会の精神でもある「一期一会」のような考え方である。つまり，サービスを受けに来られる顧客との出会いは生涯に一度しかないかもしれないが，その顧客に対しては生涯にわたってもいい思い出を残せるように接待することは日本古来のサービスに対する基本的コンセプトである。

　このような文化的土台はサービス研究にも影響が大きい。サービス商品を研究する多くの日本学者が各自の視点や方法論をもっていながらも，多くの場合は欧米との相違についてサービスやサービス商品に関する日本的価値観が共通的である。それは，消費者行動にも大きな影響を与える文化や伝統，価値観などに係わる国家的・地域的相違が多いからである。

①　日本のサービス産業の実態

　日本は戦後の復興期を経て，約 20 年もの長期的経済高度成長期を続けていた。世界経済開発史では，前述の「東洋の奇跡」を成し遂げた後，世界 2 位の GDP を有する経済大国の地位 [30)] を不動にした。また，1980 年代中ごろにはついに「プラザ合意」の場で G5 という世界的にもトップレベルの先進国の立場が確認された。安定成長に入った日本では，経済サービス化の世界的潮流の中で，第三次産業全体を含めた広義のサービス産業の成長は 1990 年までのバブル経済の後押しもあり，急速に拡大してきた。バブル崩壊後の長期にわたった経済成長の横ばいが続いていたにも関わらず，サービス産業全体の成長と拡大は止まらないことは第 1 章で分析した。

　現在 GDP に占めるシェアは欧米並みに 70％を超えている国内第三次産業の実態もあり，サービス産業全体や個別サービス企業のようなビジネス現場はもとより，サービスに関する学術研究も多くの学者によって多様な視点で行われている。本項では，主として人間の経済活動に関わる経済学や経営学，そしてマーケティングによる日本のサービス研究を概要的に検討する。

②　サービス経済論の視点

　無形財性質を中心とするサービス定義に関する議論はサービス経済論の視点

に立ったもので，詳細の議論は省くことにする。概して言えば，経済学では，サービスに関する研究というよりも，経済学の財に関する研究の一環として従来の物的商品とサービスとの区別を中心に展開され，サービス商品という認知はない。主な着目は，前述の脱工業化社会から経済サービス化社会に入っても，経済学での理論研究では，相変わらず従来認識の下でサービスの性質や属性，物的商品との異同，そしてサービスの産出・流通・消費の形態などに係わる検討分析が主流である。

　一方，経済におけるサービス産出やサービス産業の拡大については，需要と供給，流通と在庫調整可能性など従来の物的商品を中心とした経済活動との相違からサービスという社会的事象を分析するような経済循環の視点でサービス定義や性質，機能や特質を論じる研究もある[31]。

　注目すべきは，本書冒頭にも触れたように，経済サービス化はもはや従来の工業化が高度に進んでいる世界少数の先進国には限らず，中国やインドなどのBRICs をはじめ新興国でも国民生活のサービス支出が急速に拡大し，GDP におけるサービス産業のシェアやサービス業の雇用者数も急激に増加してきている。グローバル的経済サービス化が進展して行く世界各国の経済実態と今後の展望では，先進国の経済成長モデルに照らして，将来的に，サービス産業は経済開発が続いている新興経済諸国でも確実に拡大して行くと予測できる。

③　サービス経営の視点

　個々の企業にとっては，サービス産業全体の拡大に伴い，業界内既存企業の競争激化や有望な市場と見通して新規参入の増加などは避けられない。既存企業にとっては，これは企業存続や今後さらなる事業成長と企業規模拡大に係わる死活問題になる。サービスの理論的・コンセプト的研究は学界や研究者にも重要だが，企業実務レベルでは，サービス企業のより具体的経営方針や管理手法などに対する意識は自然に高い。また，競争に勝てるのは企業の人材確保が必要不可欠だが，長期低迷の経済背景や業績伸び悩みに苦しめられるサービス企業の多くは入社後の新社員教育・訓練コストも意識せざるを得ない。これら

の現実を直視して，リクルート戦略でも新規採用での即戦力を求める傾向が高まっていく一方である。

　こうした中で，平均して卒業生70％をサービス企業に送ることを経営の根本に成り立っている大学では，社会や企業の需要変化に応じるべく，実学が学内教育プログラムの柱だと訴え始める大学も増えつつある[32]。

　政府も今後の経済展望について，経済サービス化のさらなる進展して行く中で，深刻化が増していく少子高齢化にもサービスに対する需要増大が必至になると見込んでいる。したがって，国内経済の新たな成長戦略の一環として，2014年度より5年間で全国50大学に飲食や宿泊，医療や介護などのサービス人材育成に関わる専門学部・学科を設置する目標を設定した[33]。

　経済学の視点とは違って，経営学では，企業のような個別経済実体の経営目標や戦略設定，目標達成や戦術的実行などの実務レベルの研究が多い[34]。また近年では，経営学の視野拡大やマーケティングコンセプト拡張のように，経営学とマーケティングとの融合または学際的研究も進められている。

　他方，少子高齢化のさらなる進展を背景に，日本の社会保障コストの持続的に増大しており，無視できないほど巨額化になりつつある。このために，行政部門，民間NPOやNGOなどが提供する公共・公益サービスも日増しに注目されてくる。これらの非営利サービス分野の事業能率や効率化などに係わる企業経営法則的研究発想もサービス企業経営の一環として取り上げられている。

④　浅井慶三郎の研究

　日本では，マーケティング的サービス研究またはサービスマーケティングの研究に関して，基本的に2つに分けてみることができる。1つは前述のラブロックやグルンロースなど欧米の代表的学者の著書や論文などを翻訳し，それらを手掛かりに，または，重要な参考にして各自の研究も展開する流れである。もう1つは前述した日本的「おもてなし」や「一期一会」の文化伝統の底流から，日本的認識をもとにサービスを定義し独自に展開する研究である。本書は国際的または国内的サービス研究の発生と発展，あるいはそれぞれの流派

についての検討分析を目的とせず，翻訳をベースでの研究についての言及は割愛する。なお，まず指摘すべきは，サービスマーケティング研究は欧米より発生したため，日本的文化伝統に基づいた研究ではあっても，学術の関連性として，源流としての先行研究を参照し引用することも当然なことである。

　日本的サービスマーケティング研究では，代表的研究者と言えば，慶應義塾大学の浅井慶三郎である[35]。浅井研究の最大な特徴とは，日本文化伝統の1つである茶道の構造をもってサービス構造を分析し，日本的で画期的であった。浅井研究のサービス構造に関する詳細の議論は第9章で展開する。

　マッカーシー（McCarthy, Edmund J.）が提唱したマーケティングミックス4P (1960) は，マーケティング研究の基準的手法として用いられてきた。しかし，サービス商品では，前述で議論したラブロックやグルンロースも含めて多くの研究者が物的商品との違いから，サービスマーケティングには，4Pミックスによる解釈はできない場合が多く，サービスマーケティングミックスの構成は，従来の4Pから7Pへの拡張[36] が必要だと主張するのが主流であった。

　浅井研究の初期では，サービスマーケティングは従来の物販マーケティングとは全く異なるからという意味で，「ネオマーケティング」のコンセプトを提唱していた[37]。ネオマーケティングには7つの特質があるが，7Pミックスではない。それらは，① 社内の人間管理，② 社外の顧客管理，③ サービスのハード機能，④ マーケティングの三位一体，⑤ 戦術と戦略の分離，⑥ 6Pミックス要素及び ⑦ サービスのハードとソフト要素の再構成，である。

　平成元 (1989) 年に出版した『サービスのマーケティング管理』では，エクスターナルマーケティング，インターナルマーケティング，そしてインタラクティブマーケティングからなるネオマーケティングの三位一体構造を確立した。詳細は第9章で分析するが，今日では常識となるサービスマーケティング三位一体の研究枠組みは浅井研究がその源である[38]。

【注】

1）Regan, William J.（1963）"The Service Revolution", *Journal of Marketing*, Vol.27, No.3, July, 57-62.

2）かつて一般に使用される経済指標である「国民総生産」である。詳細は第２章注21）を参照。

3）同注１）。58頁，表１。

4）気候変動条約（正式名称は「気候変動に関する国際連合枠組条約」United Nations Framework Convention on Climate Change = UNFCCC）は1992年に採択され，1995年より，「国連環境開発会議」という締約国首脳による国際会議（Conference of the Parties = COP，「地球サミット」とも）が毎年に一回開催される。2019年は25回目である。日本では，1997年の「京都議定書」（COP3）は名が知られている。アメリカ政府は2019年11月５日に，2018年の「パリ協定」（COP24）に反対し，締約国から離脱すると通告した。しかし，こうした流れの前に，マーケティングの理論研究では，50年も前にすでにマーケティング概念を拡張して環境保護も含む営利企業の非営利行動に注目し提唱していた。

5）第６章注釈１）と10）も参照。

6）国内では，1970年代になると，国民生活の三種の神器の普及に加え，人口も１億人を超え，マスコミは「一億中流階級」または「国民総中流」まで大々的に宣伝して，全国はみんな中間階級だとの国民の間で合意されたような豊かな社会の意識が一般化されていた。

7）ファミリーレストランは，主に家族が一緒に来店することをターゲットとするレストランであったが，現在では，その出店の多さ，客単価の手軽さ，提供する料理の多様さなどで中学生からサラリーマンまで社会一般に活用されている。社団法人日本フードサービス協会のHPによると，日本最初のファミリーレストランは1970年７月，東京都府中市に出店したすかいらーく１号店「国立店」である。

8）概念拡張という表現はKotler, Philip and Levy, Sidney J.の1969の論文に拡張（Broadening）が使用されて以降学会で定着している。また，マーケティング定義に関しては，アメリカマーケティング協会（AMA）が1938年最初の定義から2007年まで，社会環境や経済実態の変化などに即して７度も定義の改定が行われていた。因みに，マーケティングの学問的呼称は未だに「マーケティング学」ではなく，「マーケティング論」が使用し続けられるのは，企業や組織のビジネスや事業展開の実践を拘りつつ，いわゆる企業調査や事例研究が重んじられ，学問というよりも一種の方法論としてできるだけありとあらゆる組織のすべてにも活用されるという意識があるからである。

9）経済高度成長の日本社会を例にしても，当時は，「国民生活の三種の神器」であるテレ
　　ビ・電気冷蔵庫・電気洗濯機の供給は絶対的不足の時代であって，需要と供給関係では
　　供給不足で売り手がはるかに優位に立ち，いわゆる「売り手市場」の状況の下で消費者
　　の被害が見落とされるほどであった。こうした状況を徹底的に変えようとして，第 5 章
　　の「お客様は神様」または「お客様は王様」のような呼び掛けがあった。因みに，今日
　　では，物的商品の供給過剰で，いわゆる消費者が優位に立っている「買い手市場」であ
　　る。

10）今日では，営利企業の非営利活動は企業の社会的責任を取るのにとどまらず，社会貢献
　　の活動も多く見られている。例えば，生産ラインを開放して，消費者に自社の生産活動
　　や製品を理解してもらい企業に対するプラス的イメージを確立できる。また，消費者相
　　談室などを設立して消費者の苦情や不満を対処することもある。さらに，営業利益の一
　　部分を拠出して，社会福祉や環境保護などの基金を設立するあるいはこのような基金に
　　出資するなどの形態で社会福祉向上や環境保護に貢献する。

　　　一方，非営利組織（NPO）とは，自らの事業活動は利益の追求を目的としないすべて
　　の組織を指す。本来は政府組織（Government Organization = GO）も一種の NPO であ
　　るが，日本では，政府組織を含まないため「非営利団体」や「民間非営利組織」と呼ん
　　でいる。このため，日本では，特殊法人や認可法人なども含む公共団体や草の根で事業
　　活動を展開する市民団体を区別している。しかし，NPO は営利事業を営むこともでき
　　る。営利企業との根本的な違いは，収めた事業収益は営利企業のように，組織の運営・
　　支持・応援などを支える組織や個人の寄付者などの関係者に配分することせず，それを
　　次年度の事業経費に充てるか，あるいは新たな非営利事業を始める資金にする。

11）Berry, L. L. が 1982 年，AMA が主催したサービスマーケティング・カンファレンスで
　　「リレーションシップマーケティング」と題した報告はリレーションシップマーケティ
　　ング研究の始まりという。その後，1983 年に，"Relationship Marketing, in Emerging
　　Perspective on Services Marketing"（L. L. Berry et al., eds., *American Marketing
　　Association*, Chicago, 1983）を編著し出版した。同年，Levitt, T. が "After the sale is
　　over"（*Harvard Business Review* 61, September-October, 1983）という論文でリレー
　　ションシップマーケティングについて自らの考え方を論じていた。

12）生涯価値（Lifetime Value = LTV）とは，特定の顧客が生涯にわたって企業にもたらす
　　価値である。生涯価値の最大化とは，企業は顧客との関係をよくしてからできるだけ維
　　持していき，顧客は他社製品に向かわせないような企業戦略でもある。

13）商品としてのサービスに「探索属性」「経験属性」「信頼属性」があると提唱したのは，
　　Nelson, Philip（1970）である。最初にサービス商品も含めて全商品を「探索財」「経験

財」「信頼財」と分類し，図7−1のように図解したのが，Zeithmal, V. A. であった。(1981) "Consumer Evaluation Processes Differ Between Goods and Services", *Marketing of Services*, AMA, p. 186.

14) 欧米という表現は日常に使用され，ヨーロッパ州とアメリカ州だと思われがちが，地球上の特定の地域では間違いない。一般に，かつての西ヨーロッパ諸国とアメリカ・カナダを指す場合が多い。本書では，記述便宜上で欧米という表現を使用するが，サービスマーケティングに関する研究のリーディング的存在はヨーロッパとは言え，北欧のフィンランドだとされる。もちろん，「米」であるアメリカ合衆国にも影響の大きい研究が多くある。特徴として，アメリカはサービスマーケティングと称するのに対して，北欧はサービスマネジメントと称する場合も多い。

15) Lovelock の著書によると，2005年時点では，アメリカ・日本・フランス・オランダ・イギリス・カナダなどの諸国では，GDP におけるサービス部門の割合がすでに70％を超えている。Christopher Lovelock and Jochen Wirtz（2007）*Services Marketing* 6th edition; Pearson Education Inc.，白井義男監修／武田玲子訳（2008）『サービスマーケティング』ピアソン・エデュケーション，8頁。

16) サービスの特質については，研究者によって記述が変わることもある。例えば，「同時性」（simultaneity），「不可分性」（inseparability），「不均質性」あるいは「変動性」（variability），「無形性」あるいは「非有形性」（intangibility），「消滅性」（perishability）のような表現も多くの研究書や論文に使用される。さらに，「非可逆性」（irreversibility）や「需要の集中性」（concentrated demand），そして「普及性」（diffusion property）などの特性もあるという。本書は第6章の表6−2で集約している7つの特性を議論の土台とする。

17) 同じサービスの提供でも，C・P あるいは顧客が変われば，提供プロセスや順序，顧客による品質評価も変わり得るので，サービス商品の品質は決して均質に保証されることはできない。このために，「非規格性」や大量生産に不向きのような考え方もある。

18) Lovelock, Christopher & Wirtz, Johen（2008），*Service Marketing* 6ed. Pearson Education．白井義男監修／武田玲子訳（2008）『ラブロック＆ウィルツのサービスマーケティング』ピアソン・エデュケーション，17-24頁。

19) 第2章1節ラブロックとウィルツの定義，そして第2章の「サービス定義」の著者の提案も参照。

20) 個別のサービスに関しては，提供側の提供ミスまたは顧客側の品質問題の指摘が認められる場合などでは，提供側は顧客に対してサービスの受入れ代金（使用料）の返金はできるが，物的商品と違って，生産と消費が同時に行われるサービスのプロセスそのもの

の返品は不可能である。それは，まさに「一過性」または「非在庫性」や「消滅性」という特質のように，C・Pがエンカウンターでサービス商品の生産を行いながら顧客に提供し，顧客もその場で受け入れて消費してしまう。商品があったとは言っても残ることはできない。

21) Lovelock, Christopher and Gummeson, Evert（2004），"Whither Services Marketing? In Search of a New Paradigm and Fresh Perspectives", *Journal of Service Research*, 7, August, pp.20-41.　しかし，物的商品とサービス商品との最大な違いは，それは所有権の移転ができないと提唱したのは Judd の論文であった。R. C. Judd（1964），"The Case for Redefining Services", *Journal of Marketing*, Vol.28, January, 1964.

22) 北欧とは，一般に1953年にデンマーク，アイスランド，ノルウェー，スウェーデンが共同で発足した「北欧議会」に，1956年に加わったフィンランドを含む5カ国を指す。域内の労働市場，社会政策，文化政策，交通・通信の四分野を統合して協力する地域国家連合である。現在は，ノルウェーを除いた4カ国が欧州連合（EU）にも加盟国している（ブリタニカ国際大百科事典）。フィンランドは，世界的にも典型的「高負担・高福祉」の「福祉国家」（welfare state）として認知される。ところが，550万しかない国民の税負担がGDPの43％にも達している。その見返りとして，医療・教育などの公共サービスは全部無料になる。

23) Grönroo, Christian のサービスに関する最初の論文は，1978年に公表した "A Service-oriented Approach to Marketing of Services", *European Journal of Marketing*, Vol.12, No.8, pp.588-601.（注：1947年生まれの Grönroos は，1978年当時ではまだ弱冠二十代の若さであった。）

24) サービス業で提供するサービスは一般に商品と称されるが，デザインから制作，販売や提供も手掛けている ICT 業界では，サービス製品と称する。例えば，Apple 社や Microsoft 社，それに多くのネットソフトを開発・販売するネット関連企業などは自社が提供する各種のサービスをサービス製品という。

25) Grönroos, Christian（1990）*Service Management and Marketing*, Lexington Books, p.29. 文中のイタリック文字は Grönroos の原著のままである。また，Grönroos の定義よりも定義に至るまでのサービスの基本特徴は，より彼の研究の独特性を表すことができる。なお，この4点に集約している基本特徴を公表するまでには，Grönroos は AMA（1960）の定義をはじめ，それまでの主な先行研究として，Regan, W.J.（1963），Judd, R.C.（1964），Eessom, R.M.（1973），Blois, K.J.（1974），Stanton, W.J.（1974），Lehtinen, J.（1983），Andresen, O. et., eds.（1983），Kotler, P. & Bloom, P.N.（1984），Free, C.（1987），Gummesson, E.（1987）などのサービスに関する定義の論述や議論などを参考しながら

結果として独自の認識を提唱した。また Grönroos（1990）pp.26-27. も参照。

26) Grönroos, Christian（1990）*Service Management and Marketing*, Lexington Books, pp.137-140.

27) Calonius, H.（1986）, "A Market Behavior Framework", In Möller, K. & Paltschik, M., eds., Contemporary Research in Marketing. Proceeding from the XVth Annual Conference of the European Marketing Academy, Helsinki, Finland.

28) 漢字では，「御持て成し」と表記するが，客に対して心のもった接遇・歓待・サービスをする日本語の伝統的表現である。近年，海外観光客の急増，または東京五輪招致などで話題になっている。『広辞苑』は，「持て成し」に関して，接待やサービスと関わりのあるふるまい，挙動。態度などと説明している。

29) 日本政府は 21 世紀に入り，世界に向けて日本の文化をアピールすると同時に地域経済を活性化させ，引いては日本経済に刺激を与える政策を推進してきた。2003 年 4 月 1 日に発足した「ビジット・ジャパン」を皮切りに，2007 年 1 月 1 日に「観光立国推進基本法」を実施した。その後，「インバウンド・ジャパン」などの観光立国策を中心に海外の観光客を誘致し，観光客の急増によって日本的サービスに対する認知度が高まってきた。

30) 日本は昭和 30 年代後期より昭和 50 年代初頭に続いた経済高度成長を通じて 1972（昭和 47）年に西ドイツを抜き，GDP 世界第 2 位になった。バブル経済後，日本経済は「失われた 20 年」と称されるような長期低迷が続いてきた。結果的に 2010（平成 22）年には，GDP 世界 2 位の座は中国に取って代わられた。

31) サービス経済論に関する研究成果は，主として経済学に基づいた理論研究や経済事象の解釈である。経済学理論を中心に多くの先行研究を整理分析し経済学の視点からサービスの経済化を論じたのは長田浩著（1989）『サービス経済論体系』（新評社）がある。社会の経済現象がサービスを中心に移り変わっていく傾向に注目したのがサービス経済学研究のパイオニアと称される井原哲夫著（1992）『サービス・エコノミー』（東洋経済新報社）がある。ほかに，経済現象をゼミナールレベルで捉え，より実務レベルでサービス事象に注目するのが斎藤重雄著（2001）『現代サービス経済論の展開』（創風社）がある。

32) 特に，私立大学では，経済のサービス化がさらに拡大して行き，卒業生の就職先としてもさらに重要性が増して行くとの予測のもとで，多くの大学は，既存カリキュラムをリニューアルして，「サービス経営」や「サービス経営論」といった科目の開講はもとより，サービス経営学科ないしサービス経営学部のようなサービスに特化するサービスマネジメントやサービスマーケティングのような教育内容及び学術研究の着手にも本腰を

入れている。

33）『日本経済新聞』2014 年 6 月 20 日付け。

34）経営学でのサービス研究成果は経済学視点での研究よりは多い。「サービス経営学」や「サービスマネジメント」のようなサービス企業経営をより全体論的に議論するものと「アフターサービス」や「小売サービス」，また「観光サービス」などのような個別分野でのより実務的書籍が多数出版されている。

35）浅井慶三郎（1930.10~2016.9）は小売業やチェーンストア研究専門だったが，昭和 60（1987）年，慶應義塾大学教授在任中，東海大学教授清水滋と共同編著した『サービスマーケティング』（同文館）で日本初のサービスマーケティングのシステム的な研究構造を公表した。その後，『サービスの演出戦略 リレーションシップマーケティングの幕開け』（1989）の出版を皮切りに，多くのサービスマーケティング研究著書及び論文を公表し，日本におけるサービスマーケティング研究の第一人者として公認されている。

36）サービスマーケティングの研究需要により適合させようとして，マーケティングミックスを E. J. McCarthy の 4P からサービスの成立に不可欠の直接参加する C・P と顧客（Participants），サービス提供に必要な物的要素（Physical Evidence）そしてサービスが同時に生産・消費される Process の追加を提唱したのは B. H. Booms and M. J. Binter (1981) "Marketing Strategies and Organization Structures for Service Firms", in J. H. Donnelly and W. R. George eds., *Marketing of Services*, AMA.

　　しかし，浅井研究の初期（浅井慶三郎・清水滋編著『サービス業のマーケティング』）では，Booms and Binter の論文では，Participants と Process，そして C・P と顧客も混在しており，Physical Evidence は顧客管理に含まれるため，7P を整理し，従来の 4P に C・P（Contact Personnel）と顧客（Customer）の 6P を主張した（同著 38 頁図 2・4 及び 41 頁注 3）。

37）浅井慶三郎著（1985）『サービス業のマーケティング』同文館，38 頁。

38）このサービスマーケティングの枠組みはその後の論文及び著書では，構図上，本書の図 8 − 1 の B のような文字の略した定型となり，サービスの直接関係者の表示はそれぞれ M（Management ＝企業），C・P（Contact Personnel ＝接客要員），C（Customer ＝顧客）に省略された。

―― 第8章 ――

サービスの構造とエンカウンターの多様化

　前章は，欧米をはじめサービスマーケティングの代表的学者の研究を概要的に分析した。学者によって注目するポイントは各自の視点があるが，サービスは人間関係によって構成されるという点ではほぼ共通する。一方，サービスを構成する人間関係では，アメリカのラブロックもスウェーデンのグメソンもフィンランドのグルンロースも，言語的表現で特質集約や特徴もとめはあるが，サービス構成の人間関係を図解する研究はなかった。サービスの構造を唯一図解した研究は，前述の慶応義塾大学教授浅井慶三郎の研究であった。

　本章は，まずサービスの構造を分析し，サービスエンカウンターの多様化を検討して，最後にはネットでも提供されるサービス商品を検討しネットワーク時代のサービスエンカウンターを見てみる。つまり，サービス構造を手掛かりにサービス商品の生産と消費に関わる人間関係を構造的に分析して，生産と消費が行われるエンカウンターの変化によって，サービスの本質はどう変わるのかについて検討していく。

1．サービスの構造とC・Pの臨機応変

　本節は，サービス商品の生産・消費の構造と生産・提供で主体的に行動すべきC・Pの臨機応変の有効性と必要性を検討し，また，エンカウンターでの臨機応変はサービス商品の品質評価にどのようにして係わるのかに関しても検討する。

1）サービスの構造と臨機応変の必要

　まず，第5章で分析したエンカウンターでのサービス商品の生産と消費に関わる人間関係のパターンを分析してみる。前述もあるように，サービス構造を唯一図解した浅井研究は日本の文化伝統である茶道の構造をもってサービス構造を分析し，国際的にも画期的であつた。

①　サービスの構造

　浅井研究はサービスマーケティング研究の先鞭を取った前述のアメリカのラブロックやフィンランドのグルンロースなど多くの研究からも少なからず影響を受けたが，和洋結合のような手法を取り入れて図8−1のようにサービス当事者間の構造パターンを図解した。

　図8−1は浅井研究のオリジナルサービス構造図で，サービスエンカウンターでのサービス商品の生産と消費には3つのパターンがある。浅井研究は，

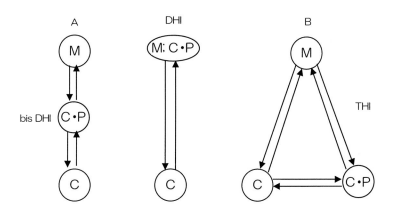

図8−1　浅井研究のサービス構造分析

（注）M = Management はオーナー経営者，茶会は亭主に当たる。C = Customer は顧客。
　　　C・P = Contact Personnel は接客要員であり，企業の従業員。
　　　DHI = Dyadic Human Interaction は一対の人間的相互作用。bis は2つの DHI。
　　　THI = Triadic Human Interaction は3つ DHI（人間的相互作用）
出所：浅井慶三郎著（2003）『サービスとマーケティング』（増補版）同文館，32頁。

提供側と受入側の相互作用 (DHI)[1] はサービスであると提唱した。DHI の原型は日本古来茶道文化の重要な行事である茶会[2] で行われる「おもてなし」という礼儀作法に由来する。欧米でサービスエンカウンターと呼ばれるサービス商品の生産と消費の場所は，浅井研究では，日本の茶会のイメージを取り入れて可視化しようとした[3]。

　茶会で行われるサービスは図 8 − 1 の中央に位置する DHI である。これは日本的「おもてなし」の原点とも言われる日本古来の茶会における人間関係の構造である。亭主とは今日でいうオーナー経営者 (M) で，招き入れた客へのもてなしを 1 人で実施し，客も自分も茶会を楽しめるサービスを提供する。亭主は今日でいうサービス業の接客要員 (C・P) の機能も果たしている。この場合は，亭主 M と客 C とは対面してサービスが生産され消費される。

　一方，図 8 − 1 の A は，中小企業のサービス業をイメージして，M は自分が考えたサービス商品をイメージとして C・P に伝え，C・P はサービスのイメージをエンカウンターで可視化して生産し C に提供する。このため，三者関係には二つの DHI が成り立つ。図 8 − 1 の B は，いわゆる一定の規模または大手サービス業のような組織構造になっている。図の A と B の違いは，A の場合は，経営者 M は自らエンカウンターに居合わせる可能性が高く，B の場合は，企業組織が大きくなり，M はエンカウンターに居なくても訓練された C・P が C と協力してサービス商品の生産と消費プロセスを完成する。

　図 8 − 1 中央部の茶会原型である DHI では，客は複数になる場合もある。そのイメージは，図 8 − 2 で示される。茶会に来られる客と亭主の関係は A，B，C の 3 つのパターンが考えられ，パターンによってはサービスエンカウンターでの人間関係が変わる。現代のサービスエンカウンターを表す図 8 − 1 と日本古来の茶会をイメージする図 8 − 2 のいずれも構造的にサービス商品の生産と消費が成立する前提を満たしている。浅井研究は，サービス成立の構造的前提となる条件は次の 3 点あるとしている[4]。

１．複数の人間の出会い (エンカウンター)

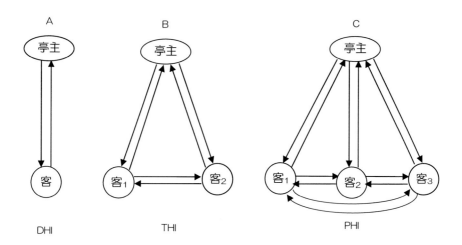

図8－2　茶会サービスのパターン

（注）DHI = Dyadic Human Interaction（一対の人間的相互作用）
　　　THI = Triadic Human Interaction（三対の人間的相互作用）
　　　PHI = Polyadic Human Interaction（多数の人間的相互作用）
出所：浅井慶三郎著（2003）『サービスとマーケティング』（増補版）同文館，39頁。

　2．出会いの意識化あるいは構造化
　3．意識化あるいは構造化した出会いのネットワーク

② 臨機応変の必要
　図8－2では，Aは一対一の場合，Bは一対二人の場合，Cは一対複数の場合を表している。亭主は1人だが，客は多くなると，亭主と客との人間関係はもとより，客同士間にも人間関係が生まれる。特にBとCの場合は，客が複数になるので，亭主の接客はより難しくなる。Cの場合は，一般にお手伝いのような助手も入ることもあるが，客の間にも自然に会話を交わすことになる。
　茶会は茶を飲みながら亭主と客の間に会話も進み，客は複数になると，客と客の間にも会話が交わされる。ところが，客によっては関心事や気になること，興味や拘りなどそれぞれ異なる。複数の客の間のDHIは茶会サービスの

全体結果に影響を及ぼすのは間違いない。現代では，エンカウンターに複数C・Pを配置すればそれぞれに対応できるが，図8-2のBとCの場合，1人だけの亭主は，同じ茶会で異なる客をまとめるのはかなり難しい。そこで，いわゆる臨機応変が必要とされる。

臨機応変とは，文字通り，機に臨み変に応じて適宜に対応することである。茶会を開いた亭主には自らの目的があるが，茶会に集まってきた客もそれぞれ自分の考え方がある。顧客第一というサービス業の原則に従えば，亭主がそれぞれの客の需要や要望に合わせて個別に対応すべきだが，1人しか居ない亭主には到底できるはずがない。客優先になると，それぞれの客も各自の関心事で会話が弾むが，茶会は雑談しながら息抜きの休憩所のように化してしまう。このために，この場に居る客の考え方を配慮しながらも複数の客の注目を茶会の目的または共通のテーマに向かわせようとする働きは必要となる。

例えば，メーカーの消費者向けの新製品情報開示セミナー，商業企業の消費者教育集会，大学教育のゼミナールなどがかつての茶会形態に似たような場面が多い。主宰する企業関係者や教員はその場その場の臨機応変が問われる。

2）エンカウンターにおけるC・Pの臨機応変

エンカウンターでは，接客要員C・Pが顧客Cの個別的・個性的需要を満たすための臨機応変は今日のサービス業にとってはサービス商品品質への顧客の積極的評価の獲得，そして顧客満足を高める重要な手法である。

個人経営者ならば，エンカウンターに複数C・Pを配置し，複数顧客を接するようなサブエンカウンターの活用で対応するのは恐らくできないが，組織化した企業では，C・Pの臨機応変で顧客に対応するのは必要不可欠である。

① 個性的需要への対応

買い手市場の経済環境では，顧客の需要はさらに多様化しサービス産業での個性的・個別的需要は決して珍しくはない。顧客の個別的・個性的需要は決して高価なサービス商品だから対応しなければならないのではなく，市場競争が

一層激しくなってくる中で，どの業界でも対応ができれば，迷うことなく対応するような企業努力は惜しまれない。サービス商品が生産され消費されるエンカウンターでは，考えられないほど低価格で大衆向けのファストフード店でさえ，可能な限り顧客の個性的需要に合わせている現実もある[5]。

　しかし，臨機応変的対応には2つの条件が必要とする。1つは，企業が経費つまりコストの負担を覚悟することである。個性的需要に対応するには，企業がコスト増大に対して利益が減るどころか，採算も取れないぐらい赤字になることもあり得る。もう1つは，C・Pの訓練と育成が必要である。臨機応変はC・Pの能力が及ぶマニュアルの変則に過ぎず，C・Pはまずマニュアル通りにサービス商品の生産と提供ができなければならない。この2つともコストのかかることではあるが，それでも企業がコストの掛かる臨機応変的対応をやめないというのは，提供するサービス商品の高評価に限らず，自社や自店の社会的イメージを高め，広告にも勝る宣伝効果があるからである。ここには，コストパフォーマンス（費用vs効果）に基づく意思決定が必要である。

　臨機応変的対応で大変満足した顧客は家族や親せき，知人や友人，同僚や仕事の仲間，等々に対し，日頃の会話や雑談などで自分が経験した満足を何気なく口にする。こうした口コミによって伝われるメッセージは第5章で検討した情報源効果でプラスの情報となり，サービス商品は高く評価され，企業の社会的イメージも高まり，潜在顧客の新規来店促進によい刺激になる。

②　顧客参加のコントロール

　サービス商品への満足度を高めるために，前述の顧客の個性的需要への対応として臨機応変が求められる。顧客の個別的需要への臨機応変的対応は顧客のサービス商品への生産参加レベルが高くなる。生産と消費をスムーズに完了させるにも，品質評価を高めるにも役立つと考えられる。もちろん，狙いは顧客が自身の高レベルの生産参加で得た満足は前述の情報源効果でサービス企業にはいいことずくめだと思われる。

　ところが，サービス商品の生産と提供は結局として経営者が目指す企業満足

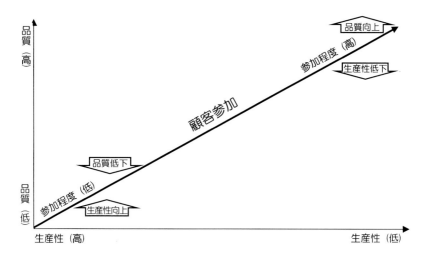

図8-3 顧客参加とサービス品質・生産性との関係

の利益目標達成である。そこで，生産と提供の能率または生産性の向上も同時
に問われる。サービス業は他人に代わってサービス商品を提供して，手間ひま
掛けて顧客を満足させる。1人の顧客に掛かったサービス商品の生産と消費時
間は短いほど能率が上がる。人間には1日24時間の制限があると同様に，企
業にも営業時間の制限がある。仮に24時間営業年中無休にサービス商品の提
供ができても，それだけが限界である。同じ営業時間帯での売上高向上，ま
た，同じ店舗面積での売上高拡大などがサービス企業経営の永遠の課題でもあ
る。能率向上は，物的要素の事前用意や生産・提供プロセスの簡素化，エンカ
ウンターで複数C・Pが役割を分担して協力するなどが考えられる。

　図8-3が示したのは，サービスエンカウンターへの顧客参加は商品品質評
価にはプラスの働きをするが，生産性から見ればマイナスに機能する。なの
で，エンカウンターでのサービス商品生産への顧客参加はバランスよくコント
ロールできるデカップリング[6]が必要である。当然なことで，デカップリン
グがスムーズに活用できるのも前述の臨機応変ができるベテランC・Pに限ら
れている。

２．サービスエンカウンターの多様化

　エンカウンターはＣ・ＰとＣの出会いの場でもあれば，サービス商品の対面的生産・提供と購入・消費を完成させる必要条件でもあると述べた。しかし，今日の高度情報化社会では，状況が変わる可能性が出てきた。本節では，社会環境の変化などがサービスエンカウンターにもたらす多様化を検討する。

１）高度情報化時代における企業と顧客の接点

　企業はメーカーであれ，商業であれ，サービス業であっても，自社が製造した製品，販売する商品，そして提供するサービス商品は確実に消費者または顧客が利用して消費することが経営目標の達成になる。そこで，消費者または顧客と接しなければ，生産と消費のつなぎはできず，製品や商品の購入や消費もあり得ない。したがって，企業と顧客との接点はいかなる産業や企業にも欠かせない大事な存在である。

　メーカーでは，消費者教育なども含め製品カタログ配布や広告などの販売促進，見本市や展示会，新製品発売会などのイベントや常設ショールームなどの手段を利用して，川中の卸売業や川下の小売業など流通経路[7]と接することができ，イベントに参加する消費者に直接に接することもできる。卸売業では，上記のメーカーの手法も利用できる。小売業であれば，店内・店頭の売り場で店員の人的販売が必ず顧客と接するほか，会員制のような手法で消費者の繰り返し来店によって，第7章で検討したリレーションシップマーケティングの活用で消費者や顧客との関係強化ができる。

　ところが，ネットワークの普及でインターネットショッピングはあらゆる物的商品が販売される。このために，企業はウェブサイトを活用する製品や商品の情報提供というプル戦略と個別消費者や顧客宛にメール送信によるプッシュ戦略[8]を使い分けして様々な消費者や顧客との接点を多様化する。サービス業では，後述のネットサービス商品でなければ，基本的に顧客Ｃがエンカウ

ンターでC・Pと出会い，サービス商品を購入し消費することになるので，エンカウンターはサービス業にとっては，顧客と接する最高かつ最も有効な接点である。

2）ネットワーク化によるサービスエンカウンターの多様化

　ところが，生産と消費のためにC・PがCとエンカウンターでの人間同士の出会いはサービス商品のコストダウンの最大な障害でもある。サービス商品の提供能率または生産性を向上するために，銀行ATMやスーパーのセルフレジ，駅の売券機・自動改札口やガソリンスタンドのセルフ給油，等々，C・Pが居なくても提供できるサービスが拡大されてきた。これはサービスエンカウンターの多様化[9]と言える。

　情報化社会のさらなる高度に進展してきた今日では，ユビキタスと呼ばれる情報ネットワークによる情報の交換や共有できる社会的環境は，いつでも・どこでも・誰でも・誰とでも手軽に情報の交換や共有に利用できる利便さを背景に，インターネットは消費者の日常生活に浸透している。FacebookやLineなどのソーシャル・ネットワーキング・サービス（SNS），また，SaaSやPaaS，HaaS（IaaS）などのプラットフォームで提供されるGoogle，YouTubeやニコニコ動画をはじめとするクラウドサービスの出現と急成長が非物的要素だけでも提供できるサービス商品は急激に現われ，ユーザー利用も大幅に拡大している。

　サービスエンカウンターの多様化と言えば，第5章で検討したサービス商品の生産と消費の基本モデルで従来型のC・PとCの対面サービスを多様な形態によって提供できることである。サービスエンカウンターの多様化には，提供形態の変化と新たな形態の出現の2つの側面がある。

①　従来のサービスエンカウンターの変化

　C・PとCという人的要素によって行われるのは従来型のサービス商品の核心である。人的要素の比重が高いサービス商品と言えば，飲食業やレジャー・

観光業のほか，通信業の電話交換手や郵便物の配達員，ドラマや舞台演出，音楽ショーやライブ，それにプロスポーツ観戦など多くある。しかし，情報通信システムの技術革新や進歩，電話機そのもの多機能化・人工知能活用などで交換手が要らなくなり，電子メールの普及で信書やハガキの利用が大幅に減る。テレビ中継やインターネット実況中継なども可能になり，エンカウンターと呼ばれる舞台や試合の現場に行くことすら必要がなくなった。

　物販業では，B2B，B2C，C2C，C2B などの電子商取引の普及でインターネットを通じて企業間取引から消費者への物的商品売買ができるようになった。消費者は百貨店やスーパーなどに行かなくても日常の買い物ができる。また，O2O（Online to Offline）や，グループ企業が情報ネットワークを活用して展開するオムニチャネル[10]などの活用が，従来の商品販売経路も多様化している。小売業は販売促進として消費者に物的商品の購入ルート選択肢を増やして買い物に利便性をもたらし，物販業のネットサービスの提供も拡大している。

　対面取引ではないネットショッピングでは，商取引と物的流通の分離の他，代金支払いも対面でなく済ませる選択肢が多くある。銀行振込やコンビニでの支払い，または，配送業者が代行する商品と代金の引換（代引き），クレジットカード決済やネットバンキングによる振り込みなど多様化される。最近では，現金支払い相当のネット販売業者が提供するインターネットウォレット機能や後述のインターネット経由のキャッシュレス支払いなどは急速に拡大している。代金決済は取引の一部分でもあるが，ネットサービスの提供で利用が非常に便利になっている。

　注意すべきは，飲食業やレジャー・観光業では，人的要素が多いが，食事の提供や娯楽できる施設，観光に適する観光地や観光スポットなどの物的要素も欠かせない。これらの業界では，サービスエンカウンターの現地移動などができるが，物販業のようにネットワーク化にすることは非常に難しい。

②　ネットサービスの出現と普及

　ネットサービス商品の提供には，物販業のように，ネットでの商的流通（売

買）に加えて物的商品の物的流通（商品の配送）も伴うことはない。したがっ
て，ネットサービス商品は完全にネットワーク経由で提供される。ネット
ニュース配信やネット放送，小説・漫画など作品のネット上発表と販売，ま
た，メールマガジンなど有料の情報配信や電子書籍の出版などが既存の新聞社
や出版業界に大きな打撃を与えている。

　一方，ネットによる各種の遠隔サポートサービスは従来のように，オフィス
や個人宅への出張で技術者による情報機器の設置や自宅・社内のローカルネッ
ト（LANなど）の環境整備や機器調整，故障修理などの人的支援サービスの多
くも必要でなくなった。さらに，音楽や画像・映像，ゲームソフトやパソコン
ソフトの販売や購入もCDやDVDなど従来の販売で利用した物的要素の記録
メディアを使わずにネット経由のダウンロードで済ませる取引が急速かつ大幅
に拡大してきて，これまでのサービス業の経営モデルを壊滅な打撃を与えるこ
とになる。

3．ネットサービスとエンカウンター

　経済サービス化は前述のように，1970年代以降に普及し，サービス商品の
生産と消費もそれに伴って急速に拡大してきた。ところが，1960年代には研
究機関の関係者間の情報交換ネットワークに過ぎなかったインターネットの商
用化は1988年に開始して以降，サービス商品の提供形態も一変し，ネット
ワークを通じてサービス商品の提供が可能になった。

1）サービスエンカウンターの必要と必然性

　ネットサービスとは，インターネットを経由してサービス商品を提供するこ
とではあるが，ネットで提供できるのはサービス商品の一部分しかない。つま
り，ネットワーク接続・通信・検索などインターネット関連企業が提供する接
続サービス，それに写真や画像，音楽や映像などコンテンツやソフトのダウン
ロードサービスに限られる。インターネット経由で取引できるサービス商品は

非物的要素が主として，物的要素が省いても提供可能な種類に限られる。

　インターネットの普及は，Windows 95 の発売後で一気に世界中に拡散したが，現在利用されている人気のあるネットサービス[11]はほとんど21世紀に入ってから誕生したものである。当然のように，こうしたネットサービスの取引にはインターネットの利用ができるパソコンや携帯端末などのハードウェア，それにハードウェアを動かしてネットサービスを受け入れられるソフトウェア，さらに，ネットサービス商品を提供するウェブサイトが必要である。

　こうした物的要素と非物的要素の整合はネットサービス取引が成立できる必須条件である。また，このような整合ができる条件としては，ネットサービス商品提供のサービスエンカウンターが必要とする。一方，提供するのはネットサービス商品だから，生産と消費が行われるエンカウンターが必要なくなるという誤解も多い。ネットサービス商品はネットワークという新しい形態のエンカウンターを利用して提供するわけである。

　つまり，サービス商品の提供は，対面的であれ，ネットワークを利用した形態であれ，サービス商品提供の本質は相変わらず生身の人間同士の出会いというエンカウンターの場と互いに提供と受け入れる意思の一致が必要とする。

２）ネットサービス提供のエンカウンター

　前項で述べたように，ネットサービス商品は非物的要素が主とする商品であるため，物的要素は見落とされることが多い。特に音楽や映像はソフトウェアとして抽出され制作されて CD や DVD，ブルーレイのような記録メディア[12]に保存して販売されるため，ソフトウェアはメディアに落とせずネットワークを通じて提供することでネットサービス商品が成立するわけである。しかし，注意すべきは，この省かれた CD や DVD など物的要素は，結局購入した人のパソコンの HDD や SSD，スマホのストレージなどのハードウェアにとって代われただけである。

　ネットサービス商品の提供は，いわゆる無人化で行われて，対面サービスではないため，エンカウンターが存在しないのではないかという考え方があるの

も不思議ではない。ネットサービス商品の消費は，YouTube のようなクラウドサービスを利用して音楽や映像の再生，ネットゲームのプレーができる。このようなネット上の鑑賞が利用できるクラウドサービスのプラットフォームこそネットサービス商品の生産と消費のエンカウンターである。

　パソコンやスマホなど端末のスクリーンの背後に存在する生身の人間は多くの場合見落とされ気付かれていない。例えば，メールのやり取りは相手側の端末に生身の人間が居るからできるし，ネットショッピングでの質問や回答，注文受け入れなども生身の人間が地道に動かなければ，質問に返答がないし，購入した商品の配送もできない。最もネットサービス商品が人間によって支えられているのを感じるのは，トラブルの対処に常用される電話での対応である。

　一方，ダウンロードした音楽や映像ソフトは物的商品のように所有権移転が終了したと思われたが，著作権保護で結局購入した人には所有権がないと言わざるを得ない。また，再生する場合は，組み込まれる再生できるソフト（拡張子）が生産（再生）し，所有する人が消費（鑑賞）する形になる。これは，能率を高めるためにサービス商品の自動化[13]の一種であるとも言える。

　ネットショッピングやネットサービスは目の前にC・PとCの対面や会話がなくなったが，これは，サービスのエンカウンター形態上の変化に過ぎず，また，対面による即座に対応するタイミングをずらして，サービスの生産と提供の生産性向上にも貢献できる。例えば，ヤフオクの「取引ナビ」のような出品者と落札者とのやり取りのできるネット上のサービスエンカウンターがなければ，売買の成立は不可能である。しかし，即座に対応しなくて済むので，一人と複数の相手とのコミュニケーションができる。自動化ではないが，落札者も出品者も複数の相手とのやり取りができ，最良の取引結果が得られる。

　ネットサービス商品の取引とは言え，本質的には対面サービス商品と同様にエンカウンターが存在し必要である。但し，対面ではないため，質問や応答などの処理は許容できる範囲でずらしても可能になる点は対面サービス商品との最大の違いだと言える。

3）越境取引とキャッシュレスサービス

　低価格パソコンやタブレットの大量販売による情報端末の汎用化と社会的普及，それに，フリーアプリの自由ダウンロードで大量かつ多種多様に提供されるネットサービス商品の売上が爆発的に拡大し，従来の国境というハードルを難なく超えグローバル的に広がっている。

　近年，急速的に市場規模が拡大してきたインターネットを通じた越境取引が注目されている。いわゆる越境取引とは，本来，国境の接する隣国間の2カ国間または複数カ国間[14]の貿易形態で，越境貿易とも言う。商品取引はインターネットを通じて簡単に成立することができるが，商取引の所有権移転は金銭による決済が不可欠である。国際貿易になると，支払いは貨幣の違いや通貨の両替，為替レートや銀行手数料，貨幣運搬や取引時間など多くの支障が存在する。また，国内のネットショッピングでも，代金決済と商品配送時間などのずれが大きな問題とされる。このために，キャッシュレス決済による取引商品の代金決済というネットサービスがにわかに注目される。

　キャッシュレス決済とは，文字通り，現金を使わずに代金支払うことである。国内のキャッシュレス決済には主にクレジットカードやデビットカード，QRコードの読み取りによる電子マネーやモバイルウォレットによる決済の4種類がある。国内キャッシュレス決済総額は小売業売上高の21.3%前後に過ぎず，中では，クレジットカード決済は90%にも達している[15]。政府は2025年にキャッシュレス決済を小売業取引額の40%に押し上げようとしている。

　キャッシュレス決済はネットサービス商品ではないが，ネットサービスの一種である。現段階では，物的商品のネットショッピングの代金決済から物販業や外食産業の実店舗での使用が普及されつつある。今後では，ネットワークを通じて個人間の金銭的やり取りから企業や個人間の貸付や融資など金融サービスに拡大してくことも期待される。ネットサービスの一種であるキャッシュレス決済は従来の商業にのみならず，従来の金融業にも大きな革命[16]をもたらすことに違いがないであろう。しかし，ここで，既存の金融産業との競争が激しくなってくるので，市場規則の設計や市場ルールと秩序の整備と維持が行政

当局の喫緊の課題になる。また，個人情報保護や情報悪用やネット犯罪から利用者の保護などの法整備も欠かせないのである。

【注】

1）DHIは英文のDyadic Human Interactionの略で，「一対の人間的相互作用」である。これは，M. R. Solomon, C. Surprenant, J. Czepiel, E. G. Gutmenの発想を引用して，前述したGrönroosのサービスは人間の間の「相互作用」という観点を取り入れたものである（浅井慶三郎著（2003）『サービスとマーケティング』（増補版）同文館，29頁）。

2）茶会とは，喫茶を中心の会合で寄り集まって茶を飲む茶事である。室町時代に発生し，鎌倉時代には茶事を主宰する亭主が客を招き，行事や儀式化され，一定の作法による茶道文化が形成された。茶会での亭主と客のやり取りは日本文化の礼儀作法となり，西洋の言うサービスの日本的形式である。

3）このサービスの構造分析は，浅井慶三郎著（2000）『サービスとマーケティング』（同文館）初版（32頁）で最初に公表したものである。おな，同著書では，これは日本の民俗学者・博物学者である南方熊楠（1867~1941）の「起」（他人との出会い），「名」（その出会いが心に残り），「印」（次の行動に影響を与える）という人間関係に対する解釈を引用したものだと記述されている（31頁）。

4）浅井慶三郎著（2003）『サービスとマーケティング』（増補版）同文館，26頁。サービスの構造的要件は最初に1992年，清水滋との共著の改訂版にて提示されたもので，2000年の同著初版にて文字を一部修正したものである。

5）例えば，和食ファストフード店の代表例である牛丼店でも，汁抜きや汁たく，ネギ抜きなどで対応している。さらに，牛丼なのに，生卵や納豆，チーズやキムチなどのトッピングサービスも提供している。このような臨機応変的顧客対応の結果は売上高拡大や企業収益が上がるなどにつながり，当然，顧客の満足度も高まるはずである。

6）カップリング（coupling）とは，2つのものを1つに組み合わせることで，サービス業では，特に接客要員C・Pと顧客Cがエンカウンターで出会って，対面でのサービス商品の生産と消費ができることを指す。デカップリング（decoupling）とはその反対で，サービス商品の生産と提供プロセスでは，C・Pが生産に集中できるように，また，生産性を高めるためにも，サービス商品品質評価に悪影響が出ないことを前提に顧客の参加をできるだけ抑えることである。C・Pが生産と提供に集中できることは顧客に品質の高いサービス商品の消費ができる前提でもあり，顧客満足度も高くなると考えられ

る。

7）流通経路では，メーカー → 卸売業 → 小売業の順で物的商品が生産・製造から最終販売
まで流れる。流通経路は一般に川の流れに例えて川上（メーカー），川中（卸売業），川
下（小売業）のように呼ぶ。しかし，サービス商品はエンカウンターで生産・消費され
るため，流通経路はない。

8）プル戦略とは，広告やパンフレット，展示会などのイベントを利用して，商品やサービ
スの魅力を宣伝して，消費者が指名買いさせるような企業戦略である。プッシュ戦略と
は，販売員や店員の人的販売活動を通じて具体的な購買行動を起こせることである。プ
ル戦略は主として消費者の購買意欲を直接喚起するのに対して，プッシュ戦略は，小売
店の売り場で人的販売による消費者や顧客に直接売り込むほか，メーカー対卸売・小
売，卸売対小売などのような営業活動の形態もある。

9）サービスエンカウンターの多様化はサービス商品を提供するエンカウンターの移動と見
ることもできる。従来型のサービス商品では，外食産業の出前注文や宅配サービス，
ケータリングサービス，音楽・演出関係では，全国ツアーやワールドツアーなどが挙げら
れる。さらに，東京ディズニーランドでさえ地方に出向いて各地にイベント開催からパレード
挙行まで行っている。詳細の情報は公式サイトの https://www.tokyodisneyresort.jp/
tdr/news/resortfair.html にて収集することができる。

10）O2O または O to O とは，特に小売店やサービス業が多く応用される販売促進手法であ
る。ネットで割引券や無料券，優待券などを送信して，顧客が実店舗を訪れ，買い物す
る際優遇されることである。対して，オムニチャネル（Omni-Channel Retailing）とは，
一般に小売業に活用される販売促進方法である。ネットショッピングや実店舗など複数
の手段を使い，消費者や顧客が使い勝手のできるアクセスの選択肢を提供している。パ
ソコンやスマホを使ってネットで注文して実店舗で商品を受け取ることもでき，実店舗
の商品を確認してからネットで購入して自宅まで配送してもらうこともできる。いずれ
もユビキタスネットワークの社会基盤が整備されてから可能にしたことである。もちろ
ん，セキュリティ問題やネット犯罪などの社会問題も多いが，本書では，紙面の制限も
あるためそれらに関する議論は割愛する。

11）例えば，Facebook は 2004 年に文字中心のサービスを開始し，そして，YouTube は
2005 年より，ニコニコ動画は 2006 年より映像提供のサービスを始めた。また，Line は
2011 年になってやっと出現したネットサービスである。いずれも 21 世紀に入って，し
ばらく時間が経ってからである。さらに，2006 年にウェブサービスを始めたのは，
Twitter のショートメッセージサービスと Google の情報検索サービスがある。

12）CD や DVD よりも古いメディアと言えば，エジソン（Edison, Thomas A.）が発明した

蓄音機をはじめ，レコードやカセットもある。今では，パソコンの内臓ハードデスク（HDD）や USB なども記録用媒体（メディア）である。

13) サービス商品の生産と提供の能率向上については，業務のルーティング化，顧客とのデカップリング，臨機応変による業務委譲，自動化またはセルフサービス化という4つがある（詳細は，浅井慶三郎著（1989）『サービスのマーケティング管理』同文館，127-129頁）。

14) 越境貿易は一般に2カ国間が多いが，陸地がつながっている大陸では，複数ヵ国を跨る越境貿易も珍しくない。ヨーロッパのドナウ川流域諸国やアジアのメコン川流域諸国，アフリカのナイル川流域諸国の間に，国境を超える地域住民間の商品取引は歴史的伝統でもある。高度情報化社会では，こういう地政学的制限を超え，国境や税関など政治的権力を意識することなく，ネットワークさえつながれば，世界中のどの国とも自由に取引ができるようになっている。このために，越境取引と呼ばれることが多い。

15) 一般社団法人キャッシュレス推進協議会（2019.4）『キャッシュレスロードマップ2019』，8頁。

16) 中国のアリババグループ企業の「螞蟻金服」（Ant Financial ＝アントフィナンシャル）社傘下の「網商銀行」（マイバンク）は AI による材料判断で超高速融資できるフィンテック投資事業が話題になっている（詳細は https://wedge.ismedia.jp/articles/-/10630 を参照）。また，日本でも，大同生命は中小企業を相手にネットワーク上の融資サービスを始めている（https://lp.ganbarusite-daido.jp/Email_06.html?yclid=YSS.1001079624.EAIaIQobChMIroWUjMbD5gIVSXRgCh0BkgCxEAAYASAAEgK6v_D_BwE）。

―― 第9章 ――
サービスマーケティングの立案と実施

　サービスは人間関係に基づくものだが，第4章で分析したように，人間関係にもサービス的関係とそうでない関係がある。人間関係の相互作用の中で互いに相手を受け入れようとするとそれがサービス的関係と呼ぶ。そして，代金支払いが発生すると，サービスは商品となる。サービス商品は物的商品にない特質が多く，表6－1でサービス商品の特質をまとめた。第7章は，サービス研究の代表的理論研究をレビューし，第8章は，サービス構造を分析した。本章は，サービスマーケティングの戦略立案と戦術実施について検討する。

1．サービスマーケティングの戦略と戦術

　マーケティングの戦略的要素であるマーケティングミックス4Pは第6章で分析した。製造業や物販業のマーケティングミックスと比較して，サービス商品を生産・提供するサービス業の適用には違いや変則を議論した。サービスマーケティングミックスに関する学術研究では，4Pから最大に7Pに拡張していく必要だとの学説もある[1]。本節は，まず，4Pから7Pへ拡張したParticipants, Process と Physical Evidence の3Pを概要的に見てみる。

　まず，Participants とは，参加者のことで，本書がこれまで繰り返し述べてきたサービス商品の生産と提供に不可欠な接客要員C・Pとサービス商品の生産プロセスに参加しC・Pに協力する必要のある顧客Cである。

　次に，Process とは，過程で，これも繰り返し説明したように，サービス商品は生産開始から消費するまでの時間及び生産と消費が行われる場所（サービスエンカウンター）が必要とするプロセスである。

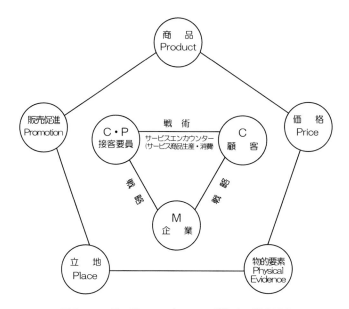

図9-1 サービスマーケティング戦略の構成要素

(注) 従来のマーケティングミックス4P + 1P (Physical Evidence) そして，マーケティング三位一体との結合。

　Physical Evidence とは，物的な環境で，レストランでの食事を事例に議論した際，サービス商品の生産・提供にはエンカウンターという物的要素が必要であるし，また，サービス商品そのものも物的要素と非物的要素の組み合わせである。

　サービスマーケティングミックスの構成は4Pか7Pかに関しては，本書の主要なテーマではない。本節は，サービスマーケティングの戦略と戦術を検討するため，第7章で議論した浅井研究のマーケティング「三位一体」の構想と従来のマーケティングミックス4Pを結合して図9-1のように，サービスマーケティングの戦略と戦術の構造を提唱する。なお，今後のサービスマーケティング戦略立案と戦術実施に関しては，浅井研究の三位一体構造（図9-1の中心部分）を中心に議論を展開していく。

1）サービス商品の戦略立案における特殊性

　戦略と戦術とは，本来は軍事的用語[2]である。経営やマーケティングでは，戦略とは，一般に企業や組織は目的達成のため長期的視野に立ち，自身が持っている経営資源を合理に配分し総合的に運用する全局的方策である。対して，戦術とは，設定された戦略目的または目標達成のための手段・手法選び，戦略実施プロセスの企画と執行である。つまり，目的設定した戦略は具体的手段や方法を選択して活用する戦術がなければ，戦略目標の達成はできない。

　では，サービスマーケティングの戦略立案がどう考えるかを見てみる。

　図9−2を見て分かるように，浅井研究のサービスマーケティング枠組みは，従来のマーケティングであるエクスターナルマーケティングによる戦略的販売促進に加え，従業員であるC・Pの育成・訓練・活用に必要とされるインターナルマーケティングによる社内管理戦略という2つの戦略的意思決定をもとに，サービスの生産・提供と購入・消費プロセスであるエンカウンターマーケティングでの戦術的実施と統制によって戦略目標を達成するような3つの側面から総合的に組み合わされている。このサービスマーケティング戦略と戦術

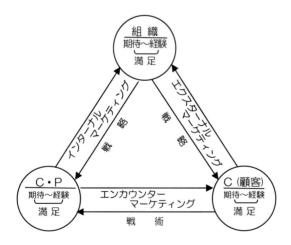

図9−2　サービスマーケティングの枠組み

出所：浅井慶三郎著（1989）『サービスのマーケティング管理』同文館，164頁。

の組合せは「三位一体」と名付けられ，浅井研究の最大な独自性の1つでもある。本書の図9−1の中央にある「三位一体」は逆さまに表示しているのは，サービスエンカウンターではサービスの生産と消費が最重要だからと考えている。

　三位一体コンセプトは，従来のマーケティング手法は時代遅れを指摘するのでなく，マーケティングミックス4Pはサービスを解釈していくには，生産と消費の不可分性や一過性など物販業は想定しなかった要素が多く含まれるため，企業内外でも，多面にマーケティング手法の適用が必要である。

　企業内では，従業員教育や訓練など内部向けのインターナルマーケティングが必要である。物販業マーケティングの企業外部顧客への情報提供や販売促進手法は相変わらず有効で，サービスマーケティング戦略では，エクスターナルマーケティングと位置付ける。以上の2つの戦略は経営や管理の立場から全方位に目的や目標の意思決定を行うマーケティングである。エンカウンターでのマーケティングは企業や経営者が考案したサービス商品のブループリント（blueprint＝青写真）[3]を現実で可能にするため，C・Pが戦術的に実施し商品のイメージを具現化するのがポイントである。

　また，図9−2の三角形構造のそれぞれの頂点円にある「満足」は，第5章3節で分析したように，サービス商品の生産と商品の当事者はいずれの一方だけが満足すればよいのではない。生産と消費に直接関係する当事者は各自に満足が必要とする。社外顧客Cはもちろん，社内顧客C・P，そして，サービス企業経営者Mにも満足[4]を求める。サービス業は満足産業だからである[5]。

　三位一体のサービスマーケティング戦略を議論していく前に，サービス商品の生産と消費にかかわる2つのキーポイントを再度整理する。

2）サービス商品生産への顧客参加とプロセスの制御

　サービス商品の生産と消費には，顧客参加の必要は繰り返してきたが，大事なのは，エンカウンターでC・Pは顧客Cとの立場は対等的だが，生産プロセスを制御する責任がある。デカップリングはサービス商品生産・提供の能率向

上に有効だと述べたが，サービス商品がスムーズに生産され提供されるのが，顧客の求めるサービス商品の「中核価値」である。顧客参加を配慮し過ぎると，生産プロセスが度々中断され，C・Pの技能に問題があるのではないかと顧客の品質評価は逆に下がる。なお，Cがサービス商品を購入・消費する際，C・Pの生産作業を楽しむことも心理的満足の1つである。

　サービス商品生産への顧客参加では，C・Pはまず，個別のオプションや個性的拘りなどのウォンツを把握して，適度にコントロールしなければならない。サービス商品の提供プロセスでは，顧客の個性的拘りに係るところだけで一度再確認することはいわゆる適切な顧客参加である。

　サービス商品生産に不可欠なCの顧客参加は「カップリング（coupling）」[6]である。Cの満足度を最大限に達成させるには，Cのニーズとウォンツの確認が必要で，また，Cの個性的需要や拘りもしっかりと把握できるならばCの満足度を高めるのが確かなものになれる。しかし，前述のように，サービス企業の満足は利益目標の達成なので，サービス商品の生産と提供の能率向上のためにも，Cの参加には一定の制御が必要とされる。

　一方，顧客参加を抑えることはデカップリング（decoupling）と言う。これは，サービス商品生産への顧客参加を適度にコントロールし，生産の能率を上げることに有効的である。第7章の理論分析で述べたように，サービス商品には時間的要素があるのでタイミングよく提供するのが重要である。

　サービス業では，C・Pと顧客Cがエンカウンターでの出会いは生産と消費のつながりで，企業の経営目標達成ないし企業存続にも係る重要なプロセスである。顧客との接点をうまくコントロールできると，良い口コミが生まれ，企業の社会的イメージを高める絶好の宣伝になる。逆に失敗すると，悪いうわさが流されてしまい，企業の存続が脅かされる致命的要因ともなりうる。

3）サービスエンカウンターでのC・Pの自己管理

　もう1つのキーポイントとは，サービスエンカウンターでのC・Pの自己管理である。エンカウンターで孤独とも言われるほど[7]C・PはCと「一対の相

互作用」のもとで，サービス商品の生産と消費のプロセスで，Cの満足度向上と企業Mの満足達成のために自己管理能力が問われる。

　物的商品生産の流れ作業に適しないサービス商品の生産と提供では，一般に，個々のC・Pが単独して顧客と相互作用しながら生産して提供するため，C・Pはエンカウンターでの独自の目標設定と管理が重要である。もちろん，最大な目標は顧客満足ではあるが，前述のサービス商品の「異質性」のように，個々のC・Pの知識や技能，経験や成熟度[8]には差があることはさることながら，各々の顧客にも個性的拘りや要望がある。言い換えれば，顧客が入れ替われば，同じサービス商品に対するウォンツが変わり，個性的要望が生じるため，同じサービス商品の実感は顧客によって変わり得る。

　サービス商品の生産・提供プロセスでのC・Pの自己管理は非常に重要なのである。サービス商品には製造業のような流れ作業はないが，生産と消費のプロセスは，図9-3のようなサブサービスは複数も存在するからである。

　図はレスランでの食事サービス事例を分解するもので，顧客は「来店」から「着席」し「注文」を決め「食事」を楽しむ。そして「支払い」を終え「退店」する。少なくともこの6つのサブサービスプロセスがある。第5章で述べた「真実の瞬間」と言えば，それぞれのサブサービスはすべて真実の瞬間になり得る。また，流れの中の矢印も一種の真実の瞬間になる。例えば，来店して着席案内までの待ち時間の対処や注文するまでのメニュー紹介，適切なメニューの勧め，顧客の「注文するよ」という合図の素早いキャッチ，食事中の追加注文やお冷注ぎ足し，空いた食器の下げタイミングも真実の瞬間になり得る。最

図9-3　サービスの生産・消費プロセスの分解
（外食のサービスプロセスとサブサービス）

後に，支払い際と顧客が店を出る際も顧客の品質評価につながることになる。

　以上のような真実の瞬間になり得る場面場面でのC・Pの自己管理は自分に対する職務評価にはもとより，顧客によるサービス商品の総合的品質評価にも直接につながる。C・Pの自己管理は，自己目標の設定とエンカウンターでの細やかな目配りや気配りを通しての目標達成である。企業の戦略と戦術に類似することではあるが，エンカウンターというサービス商品の生産と消費の現場だからこそより具体的に実施することが必要である。

　例えば，図9－3のような接客サービスの流れを通して達成すべき究極の目標は言うまでもなく顧客満足であるが，すべての顧客に満足してもらうのはそう簡単に達成できるものではない。これまでうまくできなかったサブプロセスでの失敗を繰り返さないような短期目標でも設定できる。その達成はプロセスでの接客作業への細心な注意を払うに他ならない。そして，次の目標としては，臨機応変というより難易度の高い技能を身に付けることなどもある。

２．サービス商品のデザインとエクスターナルマーケティング

　サービス商品は規格化ができず，作り置きもできない形体のないものなのにどうやってデザインができると素朴に疑問することもあるのであろう。浅井研究を検討する際，サービス商品のデザインは「青写真」（blueprint）[9]のようなものだという解釈がある。物的商品の生産や販売には，すべて形体あるモノでもあるから，外形やサイズ，色彩，また材質や加工方法などを生産の前に決めると，異なる製品の製造ができる。では，青写真またはブループリントと呼ばれるサービス商品のデザインを見てみる。

１）サービス商品の企画と青写真

　モノとして製造される物的商品は一般に幾つかの部品によって構成される。このような部品もまた製造する必要がある。自動車メーカーでは，よく下請け工場のような部品を専門に製造する中小企業も多く存在する。自動車メーカー

はこれらの部品を集めて組立てて一台の自動車に仕上げるだけである。青写真
またはブループリントはこうした部品製造と完成品の組み立てができるための
設計図である。

　サービス商品には物的要素もあるが，商品全体としては物的商品のような外
形やサイズ，色彩などの直感的な要素がない。このために，いわゆるサービス
商品の青写真とは，一般にサービス商品の生産と提供時のマニュアル的な文字
により解釈と注意事項に過ぎない。もちろん，できるだけCに対して可視化
のできる要素として，マニュアル的には，C・Pの服装や髪形，接客時の言葉
使い，また，場面場面の動きと仕草などの説明が記載されるものである。

　しかし，サービス商品の青写真をデザインして決定する前には，製造業や物
販業マーケティング戦略の企画と立案の基礎として，市場流行や消費トレンド
などの調査あるいはリサーチが必要である。顧客の潜在ニーズと顕在ウォンツ
をより確実に把握するには，市場の動きや潜在的需要から調べることは重要
で，また具体的なターゲットを絞るにも必要である。国内とは言っても，本州
や北海道，九州や四国のように地域によっては文化的特徴もあるので，チェー
ンオペレーションで展開する大手サービス企業は地域ごとに限定サービスの提
供が市場競争での競争優位を手にすることができる。

　また，サービス業の顧客も製造業や物販業と同様に生身の人間なので，従来
の市場調査手法として活用される地理的・文化的基準や人口統計的・社会経済
的基準で調査を行い，データベース化してターゲットに決めた独自のサービス
商品のデザインができる。これらのターゲット顧客に対しては，特別なマニュ
アルの作成も必要である。前述の外国人観光客に関しても民族や宗教[10]，伝
統や風習などがあり，品質の高いサービス商品を提供する際は，せっかく日本
を訪れたから「日本的」という文化的特徴を体験してもらうことも大事だが，
それぞれの顧客の都合に合わせることも無視はできない。宗教的な理由もある
が，個人的好き嫌いもあるので，無理やりな体験は決して満足のいくサービス
の提供にはならないはずである。こういった意味でも，国内や国外の顧客に対
しても個別の価値観など心理的側面を配慮する必要がある。

２）サービス業のエクスターナルマーケティング

サービスマーケティングでは，第５章で議論したように，サービス商品を購入し消費する顧客は企業の社外顧客Ｃである。Ｃはサービス商品を実際に購入し消費するが，生産と消費は同時進行しながら社内顧客Ｃ・Ｐとの相互作用によって完成される。ところが，サービス企業の経営者や管理者の仕事は決してエンカウンターでＣ・Ｐと一緒にサービス商品を生産し提供するか，またはＣ・Ｐの仕事ぶりを監督することではない。

サービス企業の経営者または管理者は，戦略的に新規顧客や新規市場の開拓，新商品の開発，そして既存顧客との関係維持が重要な役割である。これらは，Ｃ・Ｐの戦術的サービス商品の生産実施ができるように，エンカウンターに新たに多くの顧客の臨場を促進し，既存顧客の多くをリピート（再利用）客に固定し，長期的取引関係を維持するために重要かつ必要な役割である。こうした外部顧客に対する働きかけは，製造業または物販業マーケティング戦略も活用されるが，サービスマーケティングでは，社外向けのエクスターナルマーケティングと言う。

図９－４は，企業経営者や管理者は市場シェア拡大や新規事業への進出，新規顧客の開拓などマーケティングの販売促進手法はサービス業でも同様に有効である。大手サービス企業の場合は，物販業マーケティングと同様に，あらゆるメディアを利用して自社や自社サービス商品を宣伝するために，広告やパブリシティなどの活用，またイベントの主催などもできる。これらはエクスターナルマーケティングの１つの側面でもある。

第７章で述べたように，リレーションシップマーケティングはサービス業に

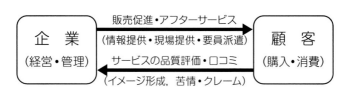

図９－４　エクスターナルマーケティングのイメージ

とってはより実用かつ大事なので，既存顧客との関係維持は製造業や物販業よりも重要である。すでに検討したように，既存顧客との関係維持は新規顧客開拓よりコストも安いし効果は高い。いわゆる顧客の「生涯価値」を高めるために，製造業と物販業と同様に，サービスエンカウンターへの顧客のリピート率を高めるのもエクスターナルマーケティングの大きな目的である。

　エクスターナルマーケティングでは，既存顧客との関係維持に係わる非常に重要なことがある。それは，エンカウンターで不満足を経験し，企業に対して苦情やクレームなどを直訴する顧客への対処である。顧客の苦情やクレームを見ると，① サービス商品の生産と提供で起きたC・Pの対応ミスによるもの，② サービス商品の設計ミスや顧客の誤解によるもの，③ エンカウンターで他のC・Pと顧客のトラブルなどが起因とするもの，大きく3つの側面がある。これらへの対応はサービス企業の経営者責務で，企業満足につながる。

　サービス商品品質評価と品質向上に関しては，サービス商品の生産・提供プロセスでは，無数の「真実の瞬間」の存在が注目されるように，顧客の苦情やクレームはサービス商品品質評価には決して望ましくない。ところが，これは，顧客が企業に対する一種の期待だとして理解することもできる。顧客は今後，自分が感じた不満足な出来事がなくなるならば，まだエンカウンターにやってくるよ，という意思表示でもある。

　前述した「グッドマン法則」[11]が示したように，満足した顧客の良い口コミに対して，利用していない第三者にとっては，不満足を感じた顧客の悪い口コミのほうがよほど信用する。したがって，企業は不満足の顧客の苦情やクレームを迅速かつ真摯に対処し，顧客が納得できるような結果をもたらせるように努める必要がある。一方，不満足を感じた顧客が企業の対処を納得し，いわゆるアフターサービスによって満足と感じるようになれば，その後，より強固なパートナーシップ関係の確立になれる。また，こうして不満足から満足へと評価を変えた顧客の口コミはより信憑性が高く，新規顧客をつれてくる可能性がより高い。

3. 社内顧客育成に不可欠なインターナルマーケティング

　企業内部の従業員管理に関しては，経営学的に人事や労務の分野に属されるものである。経営組織論の視点では，人的資源管理などの考え方もある。しかし，サービスマーケティングでは，従業員を社内顧客との見方をしているので，そこで，当然のようにマーケティング的対処と管理が必要となる。

1）サービス業の社内顧客と従業員育成

　社内顧客とは，浅井研究で最初に提唱されたコンセプトである[12]。もちろん，それは，インターナルマーケティング[13]コンセプトの影響を受けたと言われる。サービス企業の従業員はエンカウンターで顧客を接遇する要員C・Pで，その場で提供しようとするサービス商品はあくまでも企業がデザインした青写真またはシナリオのような筋書きに過ぎず，それをエンカウンターで具現化して，必要な物的要素と有機に結合させ，顧客が満足できるように実感させるのはサービス企業のC・Pである。

　したがって，C・Pは顧客に接する前に，企業がデザインしたサービス商品を受入れ（購入）て，サービス商品の意義や目的，提供手順や注意事項などとともに企業の業務規則やC・Pの責務なども理解（消費）してはじめて顧客の前に提供することができる。このように，C・Pは企業がデザインしたサービス商品の最初の顧客であるので，企業内部の顧客にあたる。

　サービス商品を含む社内の職務を十分に理解したC・Pは自分がエンカウンターで社外顧客に提供しようとするサービス商品を満足に理解することが社外顧客の満足につながることができる。C・Pも顧客もそれぞれ満足を得ることになれば，サービス企業の事業が順調に運び，結果として企業満足，つまり利益目標の達成ができる。

　サービス業では，サービス商品に関する知識や提供技能などを含む社内の従業員育成と訓練が必要である。サービス商品に対する理解はもとより，企業の

経営方針や社外顧客に対して取るべき姿勢，エンカウンターでスムーズに生産と提供に必要なマニュアルの熟知と把握はC・Pとしてサービス商品の生産と提供の現場にデビューができる最小限の訓練と育成だと考えられる。

2）サービス業のインターナルマーケティング

　サービス企業Mと顧客Cとの人間関係を検討する前に，企業内の経営者または管理者などのマネジメント（経営陣）と従業員であるC・Pとの関係を検討するのが必要である。なぜならば，企業は顧客にサービス商品提供の責任を有するが，個人的オーナー経営でなければ，企業の経営者も管理者も顧客には直接に接遇することはない。サービスエンカウンターでは，C・PがCの個別的ニーズやウォンツに対応してCの協力を得ながら生産と消費の不可分性を有するサービス商品の生産・提供を担当する。前述もあるように，C・Pが提供しようとするサービス商品自体は企業が決めたので，C・Pはまず，経営者または管理者からサービス商品を入手する必要がある。

　一方，エンカウンターでの顧客満足を得るのが目的とするサービス企業は，社内顧客であるC・Pに対してもデザインしたサービス商品を含めて企業内部の「職務」として売り込もうとする[14]。こうした社内向けのマーケティング活動は一般にインターナルマーケティングと称される。

　一方，商業や流通のような物販業取引のイメージで考えると，サービス業のC・Pは流通経路における最終消費者に商品を再販売する小売業のよう存在だ

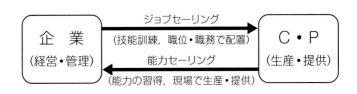

図9－5　インターナルマーケティングのイメージ

（注）浅井慶三郎著（2003）『サービスとマーケティング』（増補版）同文館，182頁を参照して著者が作成。

と言えるかもしれない[15]。ところが，本章2節で述べたように，エンカウン
ターでは，C・Pは独自の目標設定と自己管理が不可欠だが，決して独立した
小売業のようなものではなく，C・Pはあくまでも企業内部の従業員として，
経営者や管理者の代わりに顧客を相手にサービス商品の生産と提供を担当する
現場の係である。エンカウンターは，企業が企画しデザインしたサービス商品
を再現するプロセスに過ぎない。

　インターナルマーケティングのイメージは図9－5で表すことができる。
C・Pに対し，企業は仕事の機能分解してジョブセーリング（仕事の担当職能に
よる人事配置）を行う[16]。それは，社員の募集・採用からエンカウンターで提
供するサービス商品の内容説明や提供技能の訓練・育成（職場でのO-JTまたは職
場外のOff-JT）や対応能力などの人材戦略も含まれる。そして，C・Pの実績や
顧客評価などを根拠に職位を与え，職務権限を付与する。それに，仕事内容に
見合う給与や賞与，社内福祉などの労働条件をも提供する。これら一連の企業
行為はインターナルマーケティングで，社内顧客に対して企業が提供するサー
ビス商品でもある。

　社内インターナルマーケティングはC・Pの職業満足や職場満足にもつなが
る。職場満足したC・Pは企業との間に，第10章で分析するパートナーシッ
プ的人間関係の確立ができる。言うまでもなく，職場への満足を実感したC・
Pはサービスエンカウンターでは積極的に顧客と協力し，所定の職務機能を果
たし，結果は当然，社外顧客が満足し，また満足の度合が高い。

　因みに，インターナルマーケティングはサービス業に率先して導入したが，
今日になると，社内の従業員管理や人材育成・確保などの目的からメーカー，
商業・流通産業などの企業にも一般化される。少子高齢化を背景に，労働力不
足がさらに深刻化していく社会環境の中で，インターナルマーケティングはさ
らにサービス業に限らず，企業全般の経営における位置づけは一層重要視され
ていくと予見される。

４．サービス商品のデリバリーとインタラクティブマーケティング

　図９－２のサービスマーケティング枠組の構造図では，２つの戦略的側面であるエクスターナル側面とインターナル側面を検討したが，サービスエンカウンターでの戦術的側面は，Ｃ・Ｐの戦術的実施を通じてサービス商品の具現化を達成するインタラクティブマーケティングである。

１）社外顧客へのサービス商品のデリバリー

　サービス企業の社内顧客Ｃ・Ｐの重要な役割は前節で検討したが，企業の経営目標達成は，社外顧客向けのサービス商品提供を通じてできることで，このサービス商品の提供は第６章で述べたデリバリーである。次では，サービスエンカウンターでのデリバリーについて見てみる。

　物流ができないサービス商品は生産されて顧客が消費しなければ生産の意味がなくなるのみならず，物的商品のように，しばらく手持ちして次の顧客に販売すればよいということはできないため，生産自体が成立しない。第６章で議論したサービス商品のデリバリーは，商品自体に形体が確定できないため物流の利用はできないが，消費するために顧客の手に渡すのが必要不可欠なのである。したがって，サービス商品のデリバリー機能は，消費を可能にし，生産成果であるサービス商品の価値を実現することである。

　もちろん，サービス商品のデリバリー担当者はエンカウンターで生産プロセスを完成したＣ・Ｐである。Ｃ・Ｐの役割は何度も繰り返したように，サービス商品の生産と提供で，提供であるデリバリーは生産終了の直後と思われるが，生産しながら提供できるようなサービス商品も多くある。例えば，映画鑑賞や舞台演出，コンサートやライブ，講演や授業，等々，いわゆる物的要素の少ないサービス商品は生産と消費が同時に進行して，生産が終了すると同時に消費も終わってしまう。

　一方，サービス商品のデリバリーの受け手は言うまでもなく顧客Ｃである。

Ｃはサービスエンカウンターに臨場して，Ｃ・Ｐとの相互作用でサービス商品の生産にも係るが，消費する役割も果す。前述のように，生産が終わってから消費できる商品もあれば，生産と同時に消費する商品もある。Ｃは自分の需要に合わせて多くの選択肢から受けて消費してみたいサービス商品を注文する。

2）サービス業のインタラクティブマーケティング

　サービス商品の生産と提供，購入と消費は，業種や業態に関わらずすべて顧客ＣとＣ・Ｐが対面するエンカウンターで行われる。Ｃ・ＰとＣとの相互作用はエンカウンターと同様，英語の音訳であるインタラクティブ（interactive）とも称される。エンカウンターでは，サービス商品を生産し提供するＣ・Ｐとそれを購入し消費するＣと対面するので，企業ＭとＣとの接点でもある。第8章で検討したように，高度情報化社会がさらに進展する今日では，インターネットを接点[17)]とするサービスでは，Ｃ・ＰとＣと直接に対面する接点はなくなるが，エンカウンターでの相互作用は相変わらず存在する。

　図9－6はエンカウンターでＣ・ＰとＣの関係を表している。繰り返し説明してきたように，サービスエンカウンターでは，Ｃ・ＰとＣは対面してサービスの生産と消費を実施する。Ｃ・ＰはＣのニーズを明確にしてウォンツに変え，Ｃの生産参加を積極的に受け入れながらサービス商品を生産して提供する。

　エンカウンターでは，Ｃ・Ｐはリーダー的存在ではないが，生産と消費プロセスを制御することが必要である。サービス商品の生産と提供では，Ｃの参加はＣ・Ｐとのインタラクティブ（相互作用）の前提であるが，エンカウンターでのインタラクティブは次のように諸点がキーポイントだと考えられる。

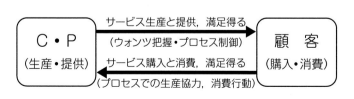

図9－6　インタラクティブマーケティングのイメージ

①　生産へのＣの協力である。サービス商品自体がＣ・Ｐだけではできないことだからである。

②　生産前後に，Ｃへの適切な情報提供である。経験したかどうかと言うよりもＣに対して生産の終了やデリバリーのタイミングを知らせることは必要だからである。

③　適度のデカップリングというエンカウンターでのコントロールはサービス商品品質向上に有効である。特に集中して作業する際には，Ｃの参加は抑えるべきである。

④　顧客満足を確実に達成する。顧客満足は企業の経営目的でもあれば，Ｃ・Ｐの役割でもある。①─③までのポイントをうまく達成できれば，顧客の高い評価は確かなものになる。

⑤　自分の職業満足の達成である。Ｃ・Ｐである以上，仕事を通して職業満足または職場満足などを求めるのがマズローの言う「自尊の欲求」である。

職場であるエンカウンターで職務を果たして満足したＣ・Ｐはサービス商品の生産と提供を通じて社外顧客Ｃの満足がもたらされるものである。こうして，図9−2のサービスマーケティング枠組の三角頂点にある3つの円に記される3つの「満足」の中の2つが達成したことによって，3つ目の「企業満足」も結果として達成することになる。いわゆる満足産業であるサービス産業の総合的満足が達成できたからである。

さらに，Ｃの顧客満足とＣ・Ｐの職務満足に支えられ，経営目標達成した企業は社会的イメージが高まり，新規顧客の拡大はさることながら，イメージのよい企業に就職しようとする求職者も増える[18]。その結果，企業の成長目標も達成することになる。

【注】

1）サービスマーケティングミックスに関する議論は，従来の4P+2P（Ｃ・Ｐ；顧客）で6Pを提唱する考え方（浅井慶三郎・清水滋著（1985）『サービス業のマーケティング』同

文館，38頁，図2・4 サービスをめぐるネオマーケティングの構図）があるほか，4P+3P（People; Process; Physical Evidence）で7Pを提唱する考え方もある。7Pに関しては，第7章注釈35）も参照。

2）戦略（strategy）という概念は世界で最初に使用したのは中国春秋時代の軍事思想家孫武の兵法書『孫子』だとされる。近代的戦略を研究したのはナポレオン戦争を研究していたクラウゼヴィッツ（Clausewitz, Carl Philipp Gottlieb von）だと言う。

3）浅井研究によると，エンカウンターでのサービス提供はC・Pは自らの発想ではなく，あくまでも企業の経営層の意思決定である青写真のようなサービスのイメージを具現化することに過ぎない。浅井慶三郎著（1989）『サービスのマーケティング管理』同文館，162頁。

4）サービス商品の提供と消費を通じて社外顧客は払った代金の見返りに求める価値が満たされるほか，C・Pは自分が提供したサービス商品の結果として顧客の欲求を満たすことで自分が機能的に役立った満足感が得られる。そして，企業はサービス商品の提供によって利益を獲得したと満足される。

5）浅井慶三郎著（1989）『サービスのマーケティング管理』，49-58頁，「[5]サービスは満足産業である。」を参照。

6）エンカウンターでサービス生産への顧客参加はカップリング（coupling）と言う。カップリングは顧客のウォンツと個性的要望などを把握するのはサービス商品の品質評価が高くなる重要な手法である。しかし，サービス商品を能率的に提供するには，C・Pの生産プロセスでは，ルーティン化され，専門的技術の要する業務内容には顧客の立ち入りは望ましくない。前掲浅井慶三郎著（1989），127-129頁。

7）エンカウンターで顧客とサービス商品の生産と消費に協力しているC・Pは度々現場責任者からの指示を仰ぐことはできなく，多くの場合は独自の判断と意思決定でCとの相互作用を完遂しなければならない。

8）C・P成熟度に関しては，P. Hersey and K. H. Blanchardがリーダーシップ条件適応理論（SL = Situational Leadership Theory）で提唱したコンセプトである。成熟度には「心理的」と「技能的」の2種類がある。「技能的」成熟はサービス提供の繰り返しで高まることになるが，「心理的」成熟度では，C・Pの人間性に関係する。浅井慶三郎・中原龍輝共著（1996）「サービス業の組織管理—サービス業経営へのSL理論の適用について—」，常葉学園浜松大学国際経済学部編『国際経済論集』第3巻第1号，1-12頁。
なお，詳細の解釈は第10章2節も参照。

9）青写真（blueprint）とは，特に建物や複雑で部品の多い機械などの生産と組み立てができるための設計図である。一般に写真を撮影して青い色で紙に印刷するので，青写真と

呼ばれる。青写真の技法はイギリス天文学者ジョン・F. W.・ハーシェル（Herschel, John Frederick William）が 1842 年に発明した。

10）ここは，民族や宗教に関する差別という意味ではなく，宗教上の理由で日本人が馴染みなことは外国人観光客にはしてはならないことに対する理解と環境づくりが必要である。例えば，イスラム教女性が使う「ヒジャブ」（顔や体を覆う布）や，ハラール（主に豚肉の禁食）や禁酒規制などへの尊重などがある。

11）「グッドマン法則」については，第5章，注釈 12）を参照。

12）浅井慶三郎著（1989）『サービスのマーケティング管理』同文館，35-36 頁。

13）インターナルマーケティングコンセプトは，Sasser, W. E. and Arbeit, S. P. (1976), "Selling Jobs in the Service Sector"（Business Horizon, June）の論文で最初に提唱されたものである。Sasser and Arbeit の論文では，あくまで企業経営者がいかに効果的に従業員を管理するのに対し，浅井研究のインターナルマーケティングでは，サービスという特質から，社内従業員はまず企業の社内顧客と見なすべきだと主張している。

14）浅井研究では，C・P がエンカウンターで社外顧客に提供しようとするサービス商品を，「職務」として C・P に売り込む。但し，職務には，サービス商品のほか，企業の基本理念や顧客志向なども含まれる（詳細は，浅井慶三郎著『サービスのマーケティング管理』，36-37 頁を参照）。

15）やや強引的な例えと思われる恐れがあるので，以下の補充的説明を行う。誤解しなければならないのは，サービス商品の再販売はエンカウンターで実施され，はっきりとした外形が確認できないのはさることながら，サービス商品には流通プロセスもなければ，在庫もできない。再販売とは言っても，消費者の協力行為がなければ，その再販売の完成はできない。こう言う意味で，サービスには生産と消費の不可分性所以である。

16）現代的企業経営では，1 つの仕事を一人の力で単独に完成することはほぼ不可能になっている。いわゆる機能分担による協働という行為は多くの企業で行われ，サービス業も例外ではない。サービス業のインターナルマーケティングにおけるジョブセーリングのコンセプトについては，浅井慶三郎著（2003）『サービスとマーケティング』（増補版）同文館，178-183 頁を参照。

17）エンカウンターは一般にサービスの生産と消費が行われる C・P と顧客の対面する場として用いられる。顧客との接点というのは，製造業も物販業マーケティングにも多くある。イベントや店頭の実演販売などのような対面もあれば，広告やパブリシティのようなメディア活用の手法もある。また，消費者相談やアフターサービスなどのような接点もある。近年では，インターネットや SNS などの活用でホームページやメールなどで物販にとどまらず，サービス商品を提供する企業にも活用されつつある。

18) サービス商品やサービス企業に対する社会的総合評価の結果は，既存顧客との関係維持や新規顧客の開拓などに役立つとされる。しかし近年，労働市場の人手不足で勤務環境の悪い「ブラック企業」などに係わる口コミなどは求職者にはマイナスな情報となり，質の良い従業員の獲得ができなければ，企業にとっては致命的かも知れない。また，口コミについては，第5章注釈10) を参照。

第 10 章

サービスマーケティングの人的管理と
パートナーシップ

1．企業経営の人的資源とサービスデリバリーに必要な人財

　人々の暮らしに生活資源[1]が必要すると同様に，企業は事業展開や業務施行などの経営資源が必要とする。サービス業では，接客要員 C・P は人的資源と呼ばれ，サービス業の人材または人財の訓練及び育成がサービスマーケティングの戦略では，他産業よりも重要視されている。本章は，サービス企業の人材または人財の戦略について議論する。

1）企業の経営資源と人的資源

　企業の経営資源と言えば，一般に「ヒト」「カネ」「モノ」「情報」の4つとされ，人材の保有，資金の確保，設備・資材の取り揃え，情報の入手と分析・活用がいずれの企業の経営にも欠かせない。これらは経営学や経営管理論などでも常識とされる。ところが，特に 21 世紀に入ってからは，マクロ的には，環境問題と環境対策などは企業の経営活動や事業展開に規制するような働きかけが見られるようになっている。ミクロ的には，エンカウンターのようなサービスの生産と提供，購入と消費の場にまつわる経営環境もサービス商品の品質評価や顧客満足に直接につながる。

　マクロ的環境では，製造業の生産活動は最も問題視とされる廃水や排煙，産業廃棄物や騒音などが多くの地方自治体に規制される。商業・流通業でも，営業時間帯や店舗立地周辺への住民にもたらし得る騒音や交通渋滞など，いわゆ

る外部不経済問題も取り上げられる。サービス業では，近年問題視されつつある周辺住民に与え得る幼稚園や保育園，学校などによる騒音問題，葬祭式場や福祉施設開設に反対する周辺住民が意識する風評被害や地価下落などの経済的不利益など，かつては考えられないような環境要素が企業に対し経営上の配慮が求められる。したがって，前述の企業経営に必要とされる従来の 4 大経営資源に加え，時代は環境要素を 5 番目の経営資源にしようとなりつつある[2]。

　サービス業にも人材資源の他，企業の運転資金，サービス商品の生産・提供に必要な設備や資材などが欠かせない。こうして，経済学の無形財と呼ばれるサービス商品の生産にも多くの物的要素が必要とされる。飲食サービスの基礎となる食材や調味品など，交通サービスに必要である乗り物や駅舎など，観光サービスの自然景観や観光スポットなど，教育サービスにも教室や黒板，教材や実験設備，等々，サービス商品の生産には多くの物的要素[3]が欠かせない。

　もちろん，サービス業では，顧客 C との相互作用でサービス商品の生産と提供を実施する C・P は製造業の生産工具のような存在ではあるほか，メーカーなどの生産設備や生産手段的な存在でもある。C・P をなくしたら，生産そのものができなくなるのはもとより，サービス業の日常業務さえ続けられない。非製造業とも言われるサービス企業では，業種や業態にもよるが，人材資源は最も重要であるが，必要とする人材資源は C・P だけではない。

2) サービスの生産と提供に必要な「人財」

　サービス商品の生産と提供に必要とする C・P のような人的資源または人材は，エンカウンターで C と相互作用してサービス商品の生産と消費に重要な機能を果たす。その結果は，エンカウンターに臨場する C が満足するほか，有能に生産し提供する C・P が企業 M に利益をもたらし，経営者満足の達成にも貢献する。もちろん，C・P 自身の職業満足や職務満足も得られる。C・Pの活躍でサービス商品の生産と消費に係わるいずれの関係者は総合的に満足することができる。したがって，サービス業の C・P は企業の財産である「人財」と呼ばれる。

　個人経営では，オーナーが経営者 M の役割も接客要員 C・P の役割，そして，その他補助的スタッフを含め，すべての役割を全能的に果たさなければならない。ところが，組織化された企業では，現場の C・P のほか，社内で分業される各部分や生産・提供のプロセスにも多様な人材が活躍している。

　まずは，顧客満足をもたらすべくサービス商品を企画しデザインする人材が必要とする。経営者は万能人間ではないので，商品の企画や設計，また，経済実態や市場規模，消費流行やライバル企業の状況などのリサーチ，そして収集したデータの整理・分析に必要とする専門人材は経営者の右腕になる。これらの人々は，本部や本社で経営や管理に携わる専門人材で，企業の「財産」である。もちろん，企業経営の戦略策定など意思決定する経営陣から各部門の中間管理者も人材で，サービス企業の欠かせない「財産」である。

　また，サービス商品が生産され提供されるエンカウンターでも C・P の他に多くの人材が必要な役割を担っている。現場責任者については第5章で議論したが，エンカウンターの表舞台で活躍する C・P を補助する「黒子」的な人員の存在も欠かせない。レストランでの食事では，厨房を仕切る責任者や調理を担当するシェフ，食器や調理道具の管理や準備，洗浄や保全などに係わる補助的人材，また，食材の仕入れ・仕込み，下ごしらえなどを担当する補助的人材，さらに，設備の正常な運転を維持・保全する技術人材や店舗セキュリティを確保する人材なども必要不可欠である。

　因みに，近頃，ロボットや AI の活用で人の仕事が奪われるような考え方は，決してサービス業には現実的ではない。もちろん，キャンペーンや PR 効果を狙い，ホテルや企業の受付としてロボットを導入したニュースもあるが，それらはかつての自動化は労働力の人間を無用にさせるという歴史的な判断ミスがあったように，決して人間という人的資源が取って代われることはなかった。サービス業では，前述の臨機応変によるサービス商品の品質評価や顧客満足度向上に即時に判断できるのはベテラン的人間である。AI は，いわゆる優れる記憶や学習機能があるように，過去の膨大な経験的データを保存させ，判断するのにあたっては，これら膨大なデータから過去にあった解決策を探し当

てるのに過ぎず，新たな解決策が創出できる臨機応変的対応では人間には勝てない。コンピューターは人間の意思に従い，人間が指令したプログラムを忠実に実行するからである。AI はある意味でマニュアルをうまく使いこなし，人間より速く，記憶している内容を瞬時に探し当てるコンピューターの計算能力では人間の脳より優れるにすぎない。AI またはロボットは少なくともサービス産業では，補助的・わき役的な機能しか果たせないと言わざるを得ない。

　他方，完全に人間の働きを取って代わろうとすると，そのシステムの構築には人間を活用するよりも遥かにコストが掛かる。結論的に言うと，サービス業では，人的資源はいつになってもサービス提供の必須要件である。

　以上のように，サービス商品ならではの特徴[4]があるため，サービス企業には多種多様な人材が必要である。こうした多岐にわたる人材衆を適切に管理し，適材適所に配置して，うまく動機付けさせるのは前述したサービス業経営に欠かせないインターナルマーケティングである。

2．SL 理論の有効性と社内のパートナーシップ

　サービス業は人員流動の激しい産業である。厚生労働省が公表した平成 29 年雇用調査によると，全産業の離職率[5]は 14.9％に対し，宿泊業・飲食サービス業では，最も高い 30.0％にものぼる。また，株式会社 UZUZ の調査[6]によると，新卒三年以内に離職率高い上位五業界はいずれもサービス業である。それらのデータが，サービス業の人材育成や維持，そして人的資源管理は非常に重要な経営課題であるのを示唆している。

1）リーダーシップと SL 理論

　本項は，企業の人材または人財，つまり人的資源の管理と活用に関して，リーダーシップ四大理論[7]の 1 つである行動科学に基づき考案された人的資源活用理論である SL 理論（状況に呼応するリーダーシップ理論 = Situational Leadership Theory）を用いて，サービス業の人材育成と維持及び人的資源管理

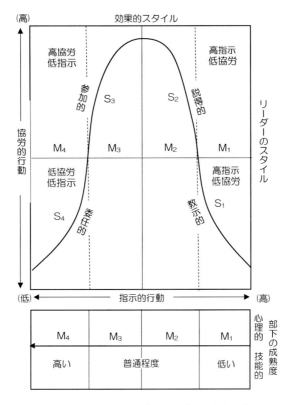

図 10 - 1　リーダーシップ状況適応理論

凡例：S（Style）：リーダーシップのスタイル。1, 2, 3, 4 は異なる成熟度に合わせるリーダー
　　　シップのスタイルを意味する。
　　　M（Maturity）：部下の成熟度。1, 2, 3, 4 は，低から高までの程度。
出所：P. ハーシ，K. H. ブランチャード共著／山本成二・水野基・成田攻共訳『行動科学の
　　　展開』生産性出版，228-229 頁より作成。

を考える。
　図 10 - 1 は，状況適応（SL）理論[8]をもとに，アメリカの P. ハーシと K.
H. ブランチャードが提唱した成熟度の異なる部下に対し，上司のリーダー
シップスタイルを柔軟に変える必要があると主張する SL 理論である。この理

論は，従業員の入れ替えの激しいサービス産業には有効だと考える。

　SL 理論によると，部下の成熟度は心理的と技能的に分けられる。前者はいわゆる人間性的成熟度で，後者はサービスの生産と提供の技能的成熟度を指す。成熟度の違う部下に対しては，リーダーシップのスタイルを変える必要がある。図のように，部下の成熟度は M_1 から M_4 まで四段階があり，合わせてリーダーシップのスタイルも S_1 から S_4 までの 4 つのタイプがある。

　まず，S_1 は成熟度最も低い（M_1）部下に適用するスタイルである。このような部下は仕事経験が全くない新入社員あるいはアルバイトの新入りとイメージすることができる。この場合のリーダーシップスタイルは「教示的」で，「高指示・低協労」のように，個別に指示を出しながら指揮するが，まだチームでの協力はできず，単独で仕事をしてもらい少しでも成熟して成長させるのは大事である。S_2 は少し成長して普通程度（M_2）になった部下に適用するスタイルである。リーダーシップは「説得的」タイプに変え，相変わらず個別に指示を出すが，仕事に理解してもらうように啓発する。また，少しずつ他の従業員と協力して一緒に仕事をしてもらい一層の成長をさせるのがポイントである。S_3 は普通程度（M_3）に成長してきた部下に適用するスタイルである。リーダーシップスタイルは「参加的」にレベルアップする。心理的にも技能的にも大きく成長してきた部下から意見を聞き入れようとすることも必要になる。次第に指示を出すのを減らし，チームワークの一員として活躍してもらうようにさらなる育成に手掛ける。そして，S_4 の段階になると，すでにベテランまでに成長してきた部下に適用するタイプである。リーダーシップスタイルは「委任的」に変わってしまう。仕事での自立を促し，部分的権限移譲も必要とする。将来的には新たなリーダーに育てていくこともリーダーシップの目標である。

　もちろん，以上の説明は新入社員から段階的に成長していく部下に対する徐々にリーダーシップのスタイルを変え，訓練・育成しながら成長させ，最終的には，次世代のリーダーに育てていくプロセス的考え方である。この 4 段階のスタイルは中途採用の従業員にも適用できると考えられる。それは，中途採用した従業員の成熟度に合わせて異なるタイプのリーダーシップを的確に取り

入れることもできるからである。

2）パートナーシップに基づいたサービスエンカウンター

　パートナー（partner）とは，日本語で仲間や相棒または同伴者や配偶者などの意味を有する。ビジネスでは，協力して仕事をする人または共同に事業を興して継続する者などを指す。このような人間の協力関係はパートナーシップ（partnership）と言う。売買関係，特に物販業では，売り手と買い手の間は長期的取引関係を維持できるようなパートナーシップが必要だと思われる。

　サービス業では，同じ顧客が特定のサービス商品を繰り返して利用する常連客，長期的・継続的関係が維持される得意先や緊密な関係が必要なファン顧客またはクライアントのような人間同士の協力を基にするパートナー的な関係が必要である。また，前述した不可分性質により，サービス商品の生産と消費は同じエンカウンターでC・PとCが協力して行われるのが必須条件で，その生産と消費を完成させるにはパートナーシップ的人間関係が欠かせない。

　第9章で分析した浅井研究が提唱するサービスマーケティングの戦略・戦術枠組を見ても三位一体の構造はパートナーシップマーケティング[9]を意識している。より具体的分析は，次のようになる。

　エンカウンターマーケティングでは，サービス商品の生産に参加する顧客Cは主体的でC・Pとの直接関わりを通して自らの意思と要望をC・Pに伝達する。サービス商品の生産と消費では，CもC・Pも互いに相手をパートナーと見なし，両者がパートナーシップ的人間関係のもとで相互作用し，満足度の高いサービス商品の生産と消費を完成させる。

　エクスターナルマーケティングでは，顧客志向スタンスは基本である今日の企業経営は，顧客はサービス業事業活動の核心で，企業Mは当然のように顧客が自社の経営目標達成に欠かせないパートナーと見なす。CにMとの共通利益があると感じさせるのがサービス商品の生産と提供がスムーズに行われ，顧客満度が高くなる結果をもたらせる。CもMの提供したエンカウンターでMが考案したサービス商品の購入と消費プロセスを通じて自分が求めるサー

ビス商品によって満足を獲得できるパートナーと見なす。

　三位一体の構造では，以上のＭとＣの間のパートナーシップ関係を成立させるには，まずＭとＣ・Ｐのパートナーシップが基礎である。そして，職業満足したＣ・ＰはＭのデザインしたサービス商品の具現化の現場でより積極的に顧客に接し，結果，より高い顧客満足度を得ることができる。

3．サービスマーケティングとパートナーシップの必要性

　職務満足を得たＣ・ＰがＣのニーズやウォンツを満足させ，企業Ｍの経営目標も達成する。つまり，ＭもＣもＣ・Ｐも総合的に満足であるのはパートナーシップ的関係に支えられる。本来は，三者三様の目標があり，特に金銭的面で言えば立場は相反する。にもかかわらず，1つのサービス商品の生産と消費を通じて三者に共通する利益を導き出して，関係三者の間にパートナーシップ的人間関係が築き上げられ，それぞれにも利益をもたらせるようにうまく機能し調整することができる。

1）サービスの生産・提供におけるパートナーシップ

　パートナーシップに関しては，第4章2節でも検討したが，本章の2節でも再度議論した。それぞれ利益が一致しない関係者の間に共通する利益を導き出すのがパートナーシップの成り立つ基礎である。図10－2では，1つのサービス商品の生産と消費の成立を通じて，ＣとＣ・ＰとＭの関係三者の異なる利益を調整して共通利益の導き出しが可能となったイメージを示している。

　世間には完璧無欠なことはない。何事にもメリットとデメリットが併存している。図10－2のＡの場合は，各自の利益最大化を追求しようとして，「自分がファースト」という原則で，それぞれ他人の利益を無視することになる。結果は，三者とも納得できる共通利益の導き出しはできず，サービスの成立はない。一方，図のＢの場合は，関係三者はそれぞれ自分の利益最大化を放棄し，各自納得できるレベルの利益を確保しながら他人の利益も配慮する。互い

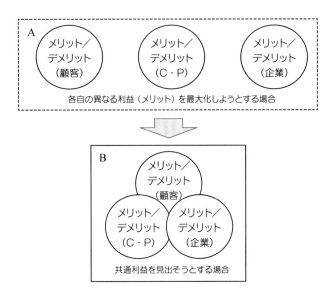

図 10 − 2　パートナーシップ形成に必要な利益調整

の利益調整つまり妥協や譲歩で協力し合った結果は共通利益を見出すことに成功し，三者とも納得できる範囲での満足が得られる。各自の利益最大化は実現できないが，三者にもプラスになるという共通した利益の見出しができた。サービス商品の生産と消費では，生産と提供，購入と消費の同時進行プロセスがスムーズに行われることを通じて，三者いずれにも共通できる利益へ到達する。

　一方，サービスの生産と消費プロセスでは，三者にもそれぞれデメリットがある。Cには，サービス商品の消費で金銭的出費と時間的費やしが避けられず，C・Pには，生産と提供で体力の消耗と時間の経過は必要である。また，Mにも，エンカウンターの備えや必要な設備や備品，資材や材料を揃えるのに大量の資金投入がなくてはならない。三者それぞれ上記のマイナス要素または不利益だけを見るなら，それらのデメリットを避けようとして，図のAのように，各自が自分の利益最大化を求め，結局，利益の交わるところを見出せない。

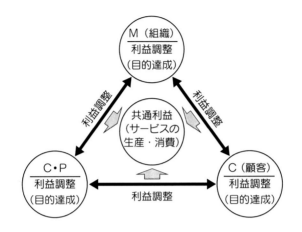

図10－3　サービスマーケティングにおける共通利益のイメージ

　再びサービスマーケティング三位一体の枠組を見ると，図10－2のBの共通利益を導き出すプロセスとしては図10－3で表すことができる。つまり，互いに他者への配慮や譲歩のような利益調整を行った結果，共通利益のサービス商品の生産と消費に辿り着くことになる。サービスの生産と消費には上記の消極的でマイナスな見方もあれば，積極でプラスな認知もある。すなわち，生産と消費はスムーズに終了することで，Cは非日常の質の高いサービスを受けてとても楽しい時間を過ごした。C・Pはこの生産と消費を無事に完了し，接客要員としての役割を果たし，もちろん金銭的報酬も手に入れた。Mには，言うまでもなく，今回の生産と消費から企業利益の確保ができ，また，満足したCの評価による企業の社会的イメージも高くなる。さらに，C・Pの活躍でサービス商品の持続的生産と提供も可能になる。こうした関係はサービス業の総合満足につながる[10]。

2）サービス産業における関連企業のパートナーシップ

　サービスエンカウンターでの関係者，または個別サービス企業の関係者間のパートナーシップや共通利益の導き出しなどを議論してきたが，顧客Cは他

のサービス企業からも同様または類似するサービス商品を購入し消費すること
も可能で，C・Pも他のサービス企業や業界の情報を耳にすることもあり得る。
もちろん，企業はサービス業界に生存しながらさらなる成長を目指し他の企業
の経営などにも気を配る。このために，サービス産業の他の企業または関連企
業との間にもパートナーシップがあるのか，またはないのか，そしてあるのな
らどうなっているのかについて考えてみよう。

　まずは，サービス企業の業務に関連ある企業とのパートナーシップを見てみ
る。サービス企業には，流通経路のような「メーカー ⇨ 卸売業 ⇨ 小売業」
という垂直的関係はないが，企業である以上，関連する他社は必ず存在する。
なぜかと言うと，今日では，企業は一社独善的な経営ができないからである。
例えば，自動車のような2－3万個の部品もあれば，関連企業は百単位，千単
位で数えるほどがある。サービス業はどうであろうか，実にどのサービス企業
にも大量に外部からの物的要素を調達している。飲食業なら，食材から調味
料，調理道具や食器，テーブルや椅子，また，レジでも自分でできるものでは
ない。クリニック店であれば，洗濯機から乾燥機，アイロンやアイロン台，洗
剤などの化学品，綺麗に洗濯した服を入れるビニール袋などさえ欠かせない。

　したがって，いずれのサービス業にも自社や自店の業務に関連する企業があ
る。しかし，企業が違うならば，目的も利益も違うので，業務関係を維持して
行くならば共通利益の見出しが重要で，パートナーシップが必要となる。その
論理は前述のサービス企業内のエンカウンターに係わるサービス商品の生産と
消費とは同じである。例えば，自社や自店業務に必要な原材料や補助品，また
は日用品などでもよいが，取引の成立で互いに利益の確保ができる。供給企業
から見れば，取引から直接に金銭的収益がある。一方で，代金を支払った企業
は，サービス商品の生産と提供に必要な物的要素が入手でき，業務の継続が可
能になる。継続できる業務が経営利益などをもたらしてくれる。これは，前述
のウィンウィン関係とも言われるが，取引の成立で共通利益の見出しと経営目
標の達成になることである。

　一方，同じ業界内のライバル企業との間にはパートナーシップがあるのだろ

うか。それはライバルだから競争相手でもあるし，互いに意識して相手を倒そうとする気持ちさえもあるであろう。市場というものは自社や自店だけでなく，多くの他社や他店も存在するため，その存在は自社や自店にもプラスな効果がある。ライバルが新商品を開発して大ヒットとなっているよ，という現象は自社や自店にとっては有意義のプラス的刺激になる。互いにイノベーションに競い合うので，消費者や社会にばっかり良いことじゃないかと思いきやそうでもない。新商品が大勢の消費者に支持されることは企業に利益をもたらせるのだからである。ライバル企業の新商品からヒントを得て自社も類似する新商品，またはライバル企業の新商品よりも消費者や顧客に支持される商品の開発に成功し市場投入によって大きな利益を手にすることもできる。要するに，ライバル企業が実質的に違う意味でのパートナーシップだからである。

　以上のような関係者や関連企業，ないし業界やライバル企業などにもありえるパートナーシップ的関係は，まさに本章冒頭に指摘した企業の経営環境である。また，以上のような分析からでは，これらの経営環境に当たる諸要素は今日の企業経営に必要な経営資源になっているということも理解できたのであろう。

3）消費者・産業・環境をめぐる社会的パートナーシップ

　サービス企業は他人の役割代行または機能代行として事業を展開し企業経営の持続性を可能にする。また，サービスエンカウンターに臨場する常連客でないＣは，ある種の社会的偶然[11]かもしれないが，その場で偶然にサービス商品の生産と提供を担うＣ・Ｐと出会う。前述の両者間のパートナーシップが機能して共通利益を見出し，Ｃはサービス商品の生産に参加し消費も終了する。浅井研究で提唱した日本源流のサービスは「一期一会」の茶会精神が伴っているので，偶然かもしれないが，エンカウンターに臨場してくれた顧客には，日本のサービス企業が生涯にわたっても忘れないような思い出をしてあげたい気持ちが強い。にもかかわらず，本書第２章で議論した「ご好意」や「思いやり」のような決して金銭では計算できるサービスではない。

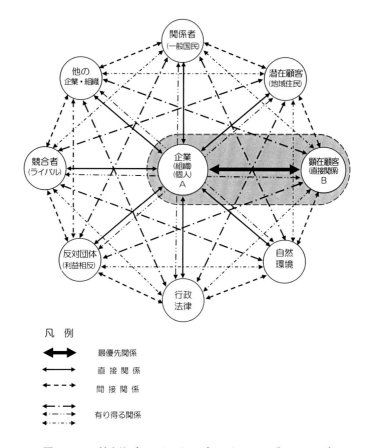

凡 例

＊━━━▶ 最優先関係

◀━━━▶ 直 接 関 係

◀---▶ 間 接 関 係

◀-・-▶ 有り得る関係

図 10 − 4 社会的パートナーシップマーケティングのイメージ

　世間には，無数の偶然があるが，偶然の中には，サービスもあれば，パート
ナーシップもある。図10−4はこうした偶然も含める社会的パートナーシッ
プマーケティングの枠組 12) を示している。この社会的パートナーシップは社
会全体の総合満足を目指している。もちろん，いずれの関係側にもすべてよい
ことでも全部が悪いことでもあるはずがない。しかし，この枠組に示される多
くの企業や組織，個人の間に顕在的または潜在的つながりがある。そして，あ
る偶然の出来事で思いもよらぬ影響を受けることになるかも知れない。

　図 10 - 4 を概要的に説明する。ある企業 A 社は，影の部分に囲まれる図の太い双方向矢印のように自社の顕在的顧客 B とは密接な関係にあり，最も大事にしている。同様に B も A 社の商品を購入し，サービスを受け入れ，とても満足している。A 社は継続的に B から利益を手にし，さらに B からの「生涯価値」の最大化を狙い，あらゆる手法を駆使している。こういった関係は企業経営の常識で特に指摘や批判することはないが，B には図に示される地域住民やその他の関係者などいわゆる A 社の経営環境との間にも，直接または間接の関係（図中の「有り得る関係」）につながっている。また，A 社のライバルや他の企業なども当然のように，B に対して独自の販売促進活動を行っている。

　通常であれば，A 社と B の間に堅硬たるパートナーシップがあるので，A 社は安心して B から引き続き利益を獲得することができる。ところが，ある偶然の出来事で B は A 社に対して回復できないほど失望することとなり，A 社に非常に不満を持ち，A 社との信頼関係は完全に失い，もう二度と A 社から商品の購入やサービスの受入れをしないようなきっかけになる出来事もあり得る。B はついに A 社のライバルやその他の企業にスイッチ [13] することとなり，A 社は顧客離れにされ，B の消費転向により痛い商機逸失することとなる。

　買い手市場では，企業は顧客とのリレーションシップだけを維持し改善して行けば，既存顧客の流失を防げるかとの考え方は上記の仮定例である。ところが，A 社と消費者 B の関係は偶然の出来事で変わることもあり得る。

　例えば，反対団体の摘発で A 社は消費者には大事にしているが社内の労働環境や社員福祉には酷い状況になり，その社員は B の家族や親せき，または親友である。また，A 社の新商品は不具合があり，新サービスは顧客に不利益を与える。さらに，A 社の商品やサービスないし A 社の企業行為自体は自然環境の破壊や地球生態圏にも悪影響を及ぼすほどである。あるいは，A 社の企業行為は世間の価値観を逸脱しており，あるいは法に触れたため行政処分を受けた，等々，企業の社会的責任あるいは企業倫理に反する出来事があるとすると，B の消費者行動には大きな変更が生じることになるのであろう。したがって，図 10 - 4 に示されている経営環境に対しては，企業 A は決して軽く

見てはならない。日常の経営行動や事業展開では，消費者利益を大事にしながらも，その他，企業経営に影響を与える経営環境とのパートナーシップ的関係も注視する必要がある。対処が間違えれば，企業の存続にも脅かされることになる[14]。

　実際では，個別企業の行為ではなくても偶然あるいは突発な出来事で企業経営なし社会経済に大きな影響を与えることもあり得る。記憶に新しい3.11東関東大震災の際の二次災害として，東京電力福島第一原子力発電所事故による放射線物質漏洩による放射能汚染の実害と風評被害は実に多くの企業や地域に大きな損害を与えることとなった。

　一例を挙げると，東電福島第一原発から直線距離で200km以上も離れた埼玉県の銘茶「狭山茶」の産地狭山市で放射能汚染が検出され，製茶・出荷規制で有名な茶商は取引ができなくなり自己破産や閉店に追い込まれていた。また，その他も多くの地域に放射能汚染が検出され，その影響で，平成23年(2011)年農林水産物の輸出が大きく落ち込み，日本産の食材離れや海外での日本食レストランへの敬遠で大きな経済的損失という三次被害を被されていた[15]。余談かもしれないが，現在進行中の新コロナウィルスの被害は，今後甚大かつグローバル的な大災害になることが確実に迫ってくるのであろう。

　これらは，まさに，決して一企業がコントロールできるようなことではないが，企業はこうしたマクロ的経営環境から受けた影響が企業の存続にも係わることになる。3.11時の放射能汚染は国として積極的に対応することが必要ではあるが，個別輸出企業が輸入国との積極的な協力的対応によって自社に対するマイナス影響は少しでも軽減できると考えられる。新コロナウィルスへの対応は恐らくグローバル的な協力が必要不可欠である。そこで，グローバル的パートナーシップが求められるのであろう。

　要するに，サービス企業も含めて，企業行動はミクロ的及びマクロ的な経営環境との係わりでは，常にリスクマネジメントという視点でマイナスの要素をできるだけ取り除き，パートナーシップ的関係の構築に積極的に積み上げていくのが企業今後のさらなる成長と発展にはプラスになるのである。

【注】

1）資源とは自然から得る水や多種多様な原材料など天然資源や自然資源のようなものだと
されるが，人間が生活して行くに当たっては，こうした自然資源を加工した食品，そし
て医薬品や日用品なども必要とする。また，自給自足ではとうてい不可能な今日では，
人間の生活を維持していくために外部や他人との交換や取引，いわゆる日常の買い物な
どに欠かせないのは金銭が必要である。人々に必要である生活資源には，経済的・物質
的資源のほか，他人とのコミュニケーションという，情報資源も必要とする。つまり，
1 人の個人の生活にも 1 つの組織の経営に共通して，「ヒト」（家族・友人），「カネ」（経
済的収入），「モノ」（各種の物的商品），「情報」のような資源が必要不可欠なのである。

2）中原龍輝（2014）「企業と経営環境の共生に関する分析」，第 47 回日本経営診断学会全
国大会研究（明治大学），自由論題，『報告要旨集』，159-162 頁。

3）つまり，第 9 章 1 節で検討した「物的な環境」（Physical Evidence）である。第 7 章注
釈 36）も参照。

4）企業の規模分類基準を見ると，サービス業の従業員人数が他の企業より多いのも行政当
局が認識している。例えば，資金面で，資本金 5,000 万円未満の企業は中小企業と分類
されるが，従業員人数の基準を見ると，小売業の 50 人以下に対して，サービス業はそ
の 2 倍の 100 人以下と規定される。─『中小企業基本法』第 2 条第 1 項。

5）厚生労働省政策統括官付参事官付雇用・賃金福祉統計室「平成 29 年雇用動向調査結果
概況」（厚生労働省・政府統計），21 頁。

6）株式会社 UZUZ が運営している「第二の就活」サイトでは，新卒して就職した従業員離
職率ランキング上位五業界は次のようである。1 位 飲食業界・宿泊業界 49.7％，2 位 教
育・学習支援業界 46.2％，3 位 娯楽業界 45.0％，4 位 医療福祉業界 37.8％，5 位 小売業
界 37.7％になっている。いずれも広義のサービス業に属される業界である。https://
daini2.co.jp/gyoukai/article-2008-author-10/#TOP5

7）現代リーダーシップに関する理論には，① リーダーの先天的資質を捉える特性理論
（1900 － 1940），② 行動理論（1940 － 1960），③ 条件適合理論（1960 － 1980），④ 適
材適所のコンセプト理論（1980 －）がある。本書は，サービス業界の実態に併せて，新
入社員からベテランまでにも有効な条件適合理論を取り入れる。

8）Hersey, Paul and Blanchard, Kenneth H.（1977），*Management of Organizational
Behavior*（Third edition），Prentice-Hall, Inc. Englewood Cliffs, New Jersey, USA.　山本
成二・水野基・成田攻共訳（1978）『行動科学の展開─人的資源の活用─』生産性出
版。

9）より詳細的内容は，浅井慶三郎（2003）『サービスとマーケティング』（改訂版），「エピ

ローグ―パートナーシップマーケティングへの展望」[3] の1) パートナーシップマーケティング，284-286 頁を参照。

10) 関係者の総合満足については，決してサービス業に限るものではない。製造業でも，製品を購入した消費者の満足，従業員の職場満足，それに企業が営利目標達成の満足という三者のいずれも満足することが欠かせない。但し，製造業などのモノづくり産業では，消費者による生産プロセスへの参加はできない点では最大な違いと考えられる。したがって，製造業の従業員満足は製品を購入する消費者との間に直接の接点がないのがサービス業との最大な異なるところである。

11) サービス代行には，顧客自分のできる役割とできない役割とがある。外食やクリーニングなどのサービスは，本来顧客は自分ができる日常的家事で，自分ができるはずなのだが，それでも仕事や交友，娯楽やレジャーなど自己都合で頻繁に他人からのサービス（機能や役割の代行）を受ける。一方，家電やパソコン，自動車修理などは自分ができないことなので，自分に代わって他人に依頼することは一般的である。ところが，サービス商品の提供側と受入側が同じサービスエンカウンターで出会うのが決して必然的ではなく，多くの場合は偶然的要素によってあるエンカウンターで出会うことになる。

12) この枠組の構想は元々著者が第54回日本商業学会全国大会で発表した研究報告を加筆修正したものである。中原龍輝著 (2004)「パートナーシップマーケティングの構築」，日本商業学会第54回全国大会報告要旨集『流通・マーケティング研究における理論と方法』，67-69 頁。

13) いわゆるマーケティング的ブランドスイッチング（Brand switching）である。顧客はこれまで購入し続けるある企業の商品（銘柄）をやめ，他社商品の購入に切り替えるように購買行動を変えることである。もちろん，自社努力で逆に他社ブランドから自社ブランドへのスイッチングを促進することもできる。

14) 企業は経営上の過失を起因に，その後経営環境への対応の不適切さで，結局として企業の存続もできなくなることは決して少なくはない。例えば，サービス業では，2011 年4月以降，連続してユッケの集団中毒への対応失敗で広く批判され，ついに倒産に追い込まれた「焼肉酒家えびす」（本社・石川県金沢市），製造業では，エアバッグ世界シェア最大な日本メーカータカタ株式会社は 2017 年の欠陥製品リコールに関する市場対応の失敗で，2018 年5月つい戦後最大の経営破綻となった，などが挙げられる。

15) 国会図書館 ISSUE BRIEF「福島第一原発事故とその影響」，No.718，2011 年6月28日，18-19 頁。国内の被害地域は実に福島の他，茨城，栃木，群馬，千葉，神奈川，静岡の各県にも及ぼし，さらには，海外からの日本食品ないし工業製品に対する貿易制限は今日まで続いているもの実情である。

また，中原龍輝著「マーケティングにおける人間関係に関する一考察─突発事故に対する東京電力の対応を事例に─」，『富士常葉大学研究紀要』第 13 号，117-131 頁を参照。

エピローグ：ネット社会のサービス経営とパートナーシップマーケティング

　本書は，経済サービス化がグローバル的に広がっている社会的・経済的背景を踏まえ，サービスに関する定義論やコンセプト的理論研究，サービス商品の生産・提供・消費プロセスの分析，サービス商品の品質評価や満足度に関する解析，サービスにおける人間関係とその特性の解明，サービス企業やサービス産業に適するマーケティング戦略的立案と戦術的実施などの実態や事例，理論や経営モデルに関する研究を注目しつつ，サービスを人間関係の１つとして捉えた。また，係わりのあるそれぞれの当事者が互いに意識し合い，各自の目的達成のため，互いに妥協しながら利益調整するよう協力し協働することを通じて共通利益を見出す。こうした双方向的人間関係はサービスの生産・提供・購入・消費の土台である。

　サービス的関係は，血縁関係に成り立つ小規模集団の家族を含めて，それらの集団や組織内部の協力と協調に代表されるような双方向的人間関係である。また，個人間，個人と集団の間，集団と集団の間，さらには民族や人種，そして国家や国家集団の間にも，人間関係的係わり[1]が存在する。これらの係わりは双方向的であれば，サービス的関係となり，係わる両者の間には協力的・協調的な関係がある。対しては，異なる意見や考え方，異なる文化や伝統，異なる認識や価値観，異なる民族や人種，異なる宗教やイデオロギーの間に，互いに相手を受入れようとする姿勢がなく，互いに向き合おうとする双方向的人間関係がなければ，サービス的関係の成立は不可能となる。

　結論的に言うと，サービス的関係とは，個人や家族，企業や組織，さらに社会的集団などの間に存在しており，双方向的人間関係はそれら組織や集団の中心的な役割を機能している。人間関係はそれぞれの個人または集団の意思決定，行動や行為，企業経営や組織運営，そして結果的には個人や集団が目指す目的・目標達成に決定的な影響を与える。また，第４章で議論したように，モ

ノづくりの製造業やモノ売りの物販業でも，商品として取り扱われないが，サービス的関係は実在しており，それが人間関係論や人的資源管理論のような研究結果にもあるように，製造業のモノづくりや物販業のモノ売りの取引や交換の成立に決定的な働きを担っている。要するに，サービス的関係は決してサービス企業やサービス産業に限るものではない。

　本書はこうしたサービス的関係をミクロ的またマクロ的な分析・検討をもとに，主として個人の間，個人と経済社会における企業や組織の間，企業や組織内部の複数のレベルにおいて多様に現れるサービス的関係を解明してきた。また，企業経営や組織運営などでは，人々の間のサービス的関係がどのような影響を与え，どのような結果をもたらせるのかにも焦点を当て，検討分析していた。本書は，サービス業はもとより，製造業や物販業にも幅広く存在するサービス的関係の分析に基づきパートナーシップ的なサービス的関係が企業経営や組織運営にプラス的影響を与え，より効果的に経営成果を上げ，より順調に経営目標の達成ができることも分析した。要するに，パートナーシップ的人間関係はサービス商品の生産と消費にとどまらず，サービス企業ないしその他の企業にもより大きな経営成果をもたらせるのに機能することを解明していた。

【注】

1）企業や組織，民族や人種，国家そして国家集団の間の相互関係は，実にそれらの企業から国家集団までのリーダー個人間の人間関係によって仕向けられるものである。近年の国内外の企業や組織，または集団間の関係変化の実情を照らしてみても，その関係確立・維持ないし変化は根底的にそれらの企業や組織，社会的集団（政党や国家機構などを含む）を率いるリーダー個人の指導力及び係わりのある他の集団のリーダーとの個人関係によって決められている。組織のリーダーが変われば，組織そのものが変わり，他の組織との関係も変わっていく。組織や集団を率いるリーダー同士間の人間関係はそれら組織や集団の間の関係を決定的な影響力を持っている。

参考文献

【洋　書】

Annekie, B & Adele, B. ed.（2008）, *"Relationship Marketing and Customer Relationship Management"*, Juta and Co. Ltd.

Bettencourt, Lance A.（2010）, *"Service Innovation: How to Go from Customer needs to Breakthrough Services"*, McGraw Hill.

Blank, Steven Gary（2010）, *"The Entrepreneur's Guide to Customer Development"*, Brant Cooper and Patrick Vlaskovits.

Bradley, David J.（2015）, *"Getting Digital Marketing Right"*, David J Bradley com.

Breckenfeld, Del（2009）, *"The Cool Factor: Building Your Brand's Image through Partnership Marketing"*, John Wiley & Sons, Inc.

Brink, Annekie & Berndt, Adele（2008）, *"Relationship Marketing and Customer Relationship Management"*, Juta and Co. Ltd.

Carlzon, Jan（1985）, *"RIV PYRAMIDERNA"* 堤猶二訳（2005）『真実の瞬間』ダイヤモンド社，43刷。

Chang, Richard Y. & Kelly, P. Keith（1994）, *"Satisfying Internal Customers First! "*, Jossey-Bass Pfeiffer.

Chang, Woojung & Taylor A. Steven（2016）, "The Effectiveness of Customer Participation in New Product Development: A Meta-Analysis", *Journal of Marketing*, Vol.80, 47-64.

Dean, Tereza; Griffith, A. David; & Calantone, J. Roger（2016）, "New Product Creativity: Understanding Contract Specificity in New Product Introductions", *Journal of Marketing*, Vol. 80, 39-58. Mar.

Diamond, Stephanie（2008）*"Web Marketing for Small Businesses"*, Sourcebooks, Inc.

Fader, Peter（2012）, *"Customer Centricity: Focus on the Right Customers for Strategic Advantage"*, Wharton Digital Press.

Fisk, Raymond P. & Tansuhaj, Patriya S.（1985）, *"Services Marketing: An Annotated Bibliography"*, American Marketing Association.

Fisk, Rymond P. & Grove, Stephen J. & John, Joby（2008）, *"Interactive Services Marketing"*,

3ed, Houghton Mifflin Company.

Fitzsimmons, James A. & Fitzsimmons, Mona J. (2000), *"Service Management: Operations, Strategy, Information Technology"*, 6ed, MaGraw-Hill Higher Education.

Galbraith, John Kenneth (1952), "American Capitalism" 新川健三郎訳 (1980)『アメリカの資本主義』, 都留重人監修『ガルブレィズ著作集』(50 周年記念版) TBS ブリタニカ。

Gibbs, Richard & Humphries, Andrew (2009), *"Strategic Alliances & Marketing Partnerships: Gaining competitive advantage through collaboration and partnering"*, Kogan Page Limited.

Grönroo, Christian (1990), *"Service Management: Managing the Moments of Truth in Service Competition"*, Lexington Books.

Grönroo, Christian (2000), *"Service Management: Managing the Moments of Truth in Service Competition"*, 3ed, John Wiley & Sons, Ltd.

Grönroo, Christian (2000), *"Service Management: A Customer Relationship Management Approach"*, 2ed, John Wiley & Sons, Ltd.

Grönroo, Christian (2007), *"Service Management and Marketing: Customer Management in Service Competition"*, 3ed. John Wiley & Sons Limited 近藤宏一監訳・蒲生智哉訳 (2013)『北欧型サービス志向のマネジメント』ミネルヴァ書房。

Harvard Business Review (1991), *"Levitt on Marketing: A Harvard Business Review Paperback"*. Harvard University Publisher.

Heskett, James L. (1986) *"MANAGING IN THE SERVICE ECONOMY"*, Harvard Business School Press 山本昭二訳 (1992)『サービス経済下のマネジメント』千倉書房。

Homburg, Christian; Schwennme, Martin; Kuehnl, Christina (2015), "New Product Design: Concept, Measurement, and Consequences", *Journal of Marketing*, Vol.79, 41-56. May .

Howard, John A. (1963), *"MARKETING MANAGEMENT − Analysis and Planning"*, Richard D. Irwin.

Illeris, Sven (1996), *"THE SERVICE ECONOMY"*, JHON WILEY & SONS.

Kotler, Philip and Hayes, Thomas & Bloom, Paul N. (2002), *"Marketing Professional Series: Forward-thinking Strategies for Boosting Your Business, Your Image, and Your Profits"*, 2ed. Prentice Hall Press.

Kunitzky, Ron (2011), *"Partnership Marketing"*, John Wiley & Sons Canada, Ltd.

Lamming, Richard (1993), *"Beyond Partnership: Strategies or Innovation and Lean Supply"*, Prentice Hall.

Levitt, Theodore（1956-2001）*"Theodore levitt on Marketing"* 有賀裕子訳（2007）『T. レ ビット　マーケティング論』ダイヤモンド社。

Levitt, Theodore（1969）, *"The Marketing Mode: Pathways to Corporate Growth"*, McGraw-Hill Book Comapny.

Levitt, Theodore（1983）, "After the sale is over…", *Levett on Marketing*, Havard Business School Press.

Levitt, Theodore（2004）, *"Marketing Myopia"*, Harvard Business Review Classics, Harvard Business Press.

Lovelock, Christopher & Wirtz, Johen（2008）, *"Service Marketing"* 6ed. Pearson Education. 白井義男監修／武田玲子訳（2008）『ラブロック＆ウィルツのサービスマーケティング』ピアソン・エデュケーション。

Lusch, Robert F. & Vargo, Stephen L.（2014）, *"Service-Dominant Logic: Premises, Perspectives, Possibilities"*. Cambridge University Press.

Maciariello, Joseph A. & Linkletter, Karen E.（2011）, *"Drucker's Lost Art of Management"*, McGraw-Hill.

Mckenna, Regis（1991）, *"Relationship Marketing: Successful Strategies for the Age of the Customer"*, Addison-Wesley Publishing Company.

Meybaum, Hardi（2014）, *"The Art of Product Design: Changing How Things Get Made"*, John Wiley & Sons Canada, Ltd.

Nakahara, Ryuki（2012）, "Partnership Marketing in Globalization", *Global Marketing Conference Proceeding*, Seoul, Korea, 19-22.

Nakahara, Ryuki（2013）, "A Study on the Co-operation and Symbiosis in Eurasian Continent - On the View of Partnership Marketing", *EMAC, KSMS & GAMMA Joint Symposium 2013, Proceeding*, at Istanbul, Turkey. June 4-7.

Nakahara, Ryuki（2014）, "Partnership Marketing for prevention" Journal of Global Scholars of Marketing Science: Bridging Asia and the world, February, 160-171.

Peppers, Don & Rogers, Martha（1993）, *"The One to One Future: Building Relationships"*, Bantam Doubleday Dell Publishing Group, In.

Regan, William J（1963）"The Service Revolution", *Journal of Marketing*, Vol.27, 57-62.

Reitsma, Robert O.（2011）, *"Innovating Mass-Customized Service"*, Eburon Delft.

Rhoades, Merle & Kalel, Carolyn（2015）, *"Brighten Up: Internal and External Customer Service"*, BBR Limited Liability Company.

Romani, Jessica（2012）, *"Consumers' Responsiveness to Brand Partnerships"*, AV

Akademikerverlag GmbH & Co. KG.

Roy, Sanjit Kumar & Mutum, Dilip S. & Nguyen, Bang ed.（2017）, *"Services Marketing Cases in Emerging Markets"*, Springer International Publishing Switzerland.

Savas, Emanuel S.（2000）, *"Privatization and Public-private Partnerships"*, Chatham House Publishers.

Stickdorn, Marc & Shneider, Jakob（2011）, *"This is Service Design Thinking"*, John Wiley & Sons, Inc.

Stricker, Tim（2007）, *"Retaining loyal customers in e-commerce – Winning customers is good, but keeping them is better"*, GRIN Verlag GmbH.

Thomson, Kevin M.（1990）, *"The Employee Revolution: Corporate Internal Marketing"*, Pitman Publishing.

Zeithaml, Valarie A. & Bitner, Mary Jo（2003）, *"Services Marketing: Integrating Customer Focus across the Firm"*, MaGraw-Hill Irwin.

【和　書】

浅井慶三郎・清水滋編著（1985）『サービス業のマーケティング』同文館。

浅井慶三郎・清水滋編著（1992）『サービス業のマーケティング』（改訂版）同文館。

浅井慶三郎・清水滋編著（1997）『サービス業のマーケティング』（三訂版）同文館。

浅井慶三郎・中原龍輝共著（1996）「サービス業の組織管理─サービス業経営へのSL理論の適用について─」，常葉学園浜松大学国際経済学部編『国際経済論集』第3巻第1号，1-12。

浅井慶三郎著（1989）『サービスのマーケティング管理』同文館。

浅井慶三郎著（2000）『サービスとマーケティング』同文館。

浅井慶三郎著（2003）『サービスとマーケティング』（増補版）同文館。

飯盛信男著（1998）『規制緩和とサービス産業』新日本出版社。

大野吉輝著（1991）『社会サービスの経済学』勁草書房。

久保田和孝著「IoT活用による顧客エンゲージメント革新」『流通情報』2016年3月号，6-19頁。

近藤隆雄著（2012）『サービス・イノベーションの理論と方法』生産性出版。

佐々波楊子・浦田秀次郎共著（1990）『サービス貿易─理論・現状・課題─』東洋経済社。

清水公一著（1996）『共生マーケティング戦略論』創成社。

髙橋秀雄著（1994）『サービス業の経営とマーケティング』中央経済社。

竹内淑恵編著（2014）『リレーションシップのマネジメント』文眞堂。

鶴田俊正編（1982）『成熟社会のサービス産業』有斐閣選書。

刀田和夫著（1993）『サービス論争批判—マルクス派サービス理論の批判と克服—』九州大学出版会。

長田浩著（1992）『サービス経済論体系』第二刷，新評論。

中原龍輝著（2001）「大学教育サービスのエンカウンター——大学教育サービスの現場での当事者間の諸関係を中心に—」，『富士常葉大学研究紀要』第1号，103-130。

中原龍輝著（2005）「パートナーシップ・マーケティングの構築」『日本商業学会第54回全国大会（慶応義塾大学）報告論集』，67-69。

中原龍輝著（2015）「インターネットによるサービス提供の多様化とその本質」『第65回日本商業学会全国大会（香川大学，統一論題），報告論集』。

中原龍輝著（2015）『商業・流通とマーケティング』第7章「情報化社会と商業のネット環境」創成社。

【翻訳書】

デービッド・ボーゲル（David Vogel）著，小松由紀子・村上美智子・田村勝省訳（2007）『企業の社会的責任（CSR）の徹底研究』オーム社。

P.ハーシ・K.H.ブランチャード共著（1977）／山本成二・水野基・成田攻共訳（1978）『行動科学の展開』生産性出版。

ベル，ダニエル（Bell, Daniel）内田忠夫訳（1975）『脱工業化社会の到来』（上・下）ダイヤモンド社。

ナンシー・リー著，恩蔵直人監訳（2007）『社会的責任のマーケティング』東洋経済新報社。

索　引

《著者紹介》

中原龍輝（なかはら・りゅうき）
　慶應義塾大学大学院商学研究科博士課程単位取得満期退学。
　常葉大学経営学部教授。
　専門：商業・流通，マーケティング，サービスマーケティング。

（検印省略）

2020 年 5 月 10 日　初版発行　　　　　　　　　　　　略称 — サービス

サービス経営とサービスマーケティング

著　者	中原龍輝
発行者	塚田尚寛

発行所	東京都文京区 春日 2−13−1	**株式会社　創 成 社**

電　話 03（3868）3867　　FAX 03（5802）6802
出版部 03（3868）3857　　FAX 03（5802）6801
http://www.books-sosei.com　振替 00150-9-191261

定価はカバーに表示してあります。

©2020 Ryuki Nakahara　　　　組版：トミ・アート　印刷：エーヴィスシステムズ
ISBN978-4-7944-2558-4 C 3034　製本：エーヴィスシステムズ
Printed in Japan　　　　　　　落丁・乱丁本はお取り替えいたします。

—————————— 経営・マーケティング ——————————

サービス経営とサービスマーケティング	中 原 龍 輝	著	2,500 円
商 業 経 営 の マ ー ケ テ ィ ン グ	中 原 龍 輝	著	2,600 円
大 学 1 年 生 の た め の 経 営 学	芦 澤 成 光	編著	2,500 円
イ チ か ら 学 ぶ ビ ジ ネ ス — 高 校 生・大 学 生 の 経 営 学 入 門 —	小 野 正 人	著	1,700 円
大 学 生 の た め の 国 際 経 営 論	岩 谷 昌 樹	著	2,800 円
環 境 経 営 入 門 — 理 論 と 実 践 —	金 原 達 夫	著	1,800 円
働 く 人 の キ ャ リ ア の 停 滞 — 伸 び 悩 み か ら 飛 躍 へ の ス テ ッ プ —	山 本 寛	編著	2,650 円
働く人のためのエンプロイアビリティ	山 本 寛	著	3,400 円
脱コモディティへのブランディング —企業ミュージアム・情報倫理と「彫り込まれた」消費—	白 石 弘 幸	著	3,100 円
豊 か に 暮 ら し 社 会 を 支 え る た め の 教 養 と し て の ビ ジ ネ ス 入 門	石 毛 宏	著	2,800 円
東 北 地 方 と 自 動 車 産 業 —トヨタ国内第3の拠点をめぐって—	折 橋 伸 哉 目 代 武 史 村 山 貴 俊	編著	3,600 円
お も て な し の 経 営 学 ［実 践 編］ —宮城のおかみが語るサービス経営の極意—	東北学院大学経営学部 おもてなし研究チーム みやぎ おかみ会	編著 協力	1,600 円
お も て な し の 経 営 学 ［理 論 編］ — 旅 館 経 営 へ の 複 合 的 ア プ ロ ー チ —	東北学院大学経営学部 おもてなし研究チーム	著	1,600 円
お も て な し の 経 営 学 ［震 災 編］ —東日本大震災下で輝いたおもてなしの心—	東北学院大学経営学部 おもてなし研究チーム みやぎ おかみ会	編著 協力	1,600 円
経営情報システムとビジネスプロセス管理	大 場 允 晶 藤 川 裕 晃	編著	2,500 円

(本体価格)

—————————————————— 創 成 社 ——————————